中国文化知识文库

中国古代书院

徐潜／主编
张克 崔博华／副主编
王越 王观／编著

吉林出版集团·吉林文史出版社

图书在版编目（CIP）数据

中国古代书院 / 徐潜主编 . —长春：吉林文史出版社，2013. 4（2025.11重印）

ISBN 978-7-5472-1516-6

Ⅰ. ①中… Ⅱ. ①徐… Ⅲ. ①书院-介绍-中国-古代-通俗读物 Ⅳ. ①G649. 299-49

中国版本图书馆 CIP 数据核字（2013）第 063712 号

中国古代书院

ZHONGGUO GUDAI SHUYUAN

主　　编 徐　潜
副 主 编 张　克　崔博华
责任编辑 崔博华
装帧设计 映象视觉
出版发行 吉林文史出版社有限责任公司
地　　址 长春市福祉大路 5788 号
印　　刷 唐山富达印务有限公司
版　　次 2013 年 4 月第 1 版
印　　次 2025 年 11月第 5 次印刷
开　　本 720mm×1000mm　1/16
印　　张 9
字　　数 250 千
书　　号 ISBN 978-7-5472-1516-6
定　　价 68. 00 元

序　言

民族的复兴离不开文化的繁荣，文化的繁荣离不开对既有文化传统的继承和普及。这套《中国文化知识文库》就是基于对中国文化传统的继承和普及而策划的。我们想通过这套图书把具有悠久历史和灿烂辉煌的中国文化展示出来，让具有初中以上文化水平的读者能够全面深入地了解中国的历史和文化，为我们今天振兴民族文化，创新当代文明树立自信心和责任感。

其实，中国文化与世界其他各民族的文化一样，都是一个庞大而复杂的“综合体”，是一种长期积淀的文明结晶。就像手心和手背一样，我们今天想要的和不想要的都交融在一起。我们想通过这套书，把那些文化中的闪光点凸现出来，为今天的社会主义精神文明建设提供有价值的营养。做好对传统文化的扬弃是每一个发展中的民族首先要正视的一个课题，我们希望这套文库能在这方面有所作为。

在这套以知识点为话题的图书中，我们力争做到图文并茂，介绍全面，语言通俗，雅俗共赏。让它可读、可赏、可藏、可赠。吉林文史出版社做书的准则是“使人崇高，使人聪明”，这也是我们做这套书所遵循的。做得不足之处，也请读者批评指正。

编　者

2012 年 12 月

目　录

古代书院

唐末至五代年间，战乱频仍，官学衰败，很多读书人避居山林，于是模仿佛教禅林讲经制度创立书院，形成了中国封建社会特有的教育组织形式。书院是将藏书、教学与研究三者结合的高等教育机构。

书院制度萌芽于唐，完备于宋，废止于清，前后历经千余年的历史，是一种在中国古代教育史、学术史上具有重要地位的教育组织形式，对中国封建社会教育与文化的发展产生了重要的影响。

一、唐代——书院的起源

（一）官方所设书院

书院一称最早出现于唐玄宗开元年间（713—741年），距今已有一千二百多年了。唐代的书院分为官方所设书院和私人所建书院两类。由唐代中央政府所设的书院先后叫做乾元书院、丽正书院和集贤书院。根据史籍记载，当时最早出现“书院”名称的是“丽正书院”以及“集贤殿书院”。需要指出的是，书院在当时只是作为朝廷藏书、校书之所，并非教育士子的教育机构。然而说到集贤殿书院，就不能不提到唐玄宗在位时的整理内库图书运动。

我国图书事业的发展到隋朝时期已经具有了比较大的规模，唐朝建立后，一方面继承了隋朝政府的藏书，另一方面又从民间收购图书，并命人整理、校勘、写录、收藏。但是由于这些图书一直缺乏更为系统的整理，到了开元初年，书籍纷乱、断简残篇的情况已经非常严重。为此，唐玄宗亲自发起了一场整理内库图书的运动，而集贤书院就出现在这一运动中。

根据《旧唐书》《新唐书》《集贤注记》《唐会要》等相关史书记载，这场整理内库图书运动的主要经过如下：

开元三年（715年）冬，唐玄宗命侍读马怀素与褚无量整理图书。开元五年（717年），唐玄宗在东都洛阳正式下令部属，在东都乾元殿下，分经、史、子、集四部校写内库图书，并广采天下异本进行传写、收藏，称为乾元院或者乾元书院。设刊正官四人，褚无量为判院事，负总责，又设押院中使一人，知书官八人。

开元六年十二月，乾元院更名为丽正修书院，又名丽正书院或丽正院，先后由褚无量、元行冲等继续领导搜书、校书，并从事编目、编纂书籍等工作。同时，院内还相继增设文学直与修撰、校理、刊正、校勘官以及丽正院修正学

士，又先后在西京长安（今陕西西安西北）光顺门外与东都明福门外设置了丽正书院。

开元十三年（725 年），张说等修撰的《封禅仪注》一书告成。同年四月，为庆贺此事，唐玄宗亲自在集贤殿宴请有功之臣，并下令将丽正修书院改名为集贤殿书院，又名集贤书院或者集贤院，让他们在此继续从事图书的搜集、校写与编撰等工作。到了开元十九年（731 年）冬，集贤书院经过了自乾元书院以来的对图书的不断整理、补充，已建立了一套规模可观并较为系统的藏书体系。院中藏书共八万零八十卷，其中经库一万三千七百五十二卷，史库两万六千八百二十卷，子库两万一千五百四十八卷，集库一万七千九百六十卷。

书院最初的任务只是帮助皇帝了解经史典籍、举荐贤才和提出某些建议供皇帝参考、选用，这和后来意义上的书院根本不同。由此可知，唐代所创立的丽正书院及集贤殿书院是中国古代最早以“书院”命名的机构，而此后所说的“书院”就是起源于此，不过丽正书院及集贤殿书院却只是“书院”名称之始，而并不是作为教育机构的书院之始。虽然如此，在文化灿烂的盛唐，这一官方学术机构的出现，还是对当时的官僚、文人产生了重要的影响。

（二）私人所建书院

唐代有些私人读书讲学之所也称为书院。据地方史志所载，共有三十多所，分布于九个省区，这些私人所建书院是读书人自己治学的地方。可以说书院始于私学，因此“书院是私学的高级表现形式”的看法是有道理的。关于唐代私人所建的书院，从《全唐诗》中可以查到以下一些相关的诗作：卢纶的《同耿拾遗春中题第四郎新修书院》与《宴赵氏昆季书院因与会文并率尔投赠》、王建的《杜中丞书院新移小竹》、杨巨源的《题五老峰下费君书院》、吕温的《同恭夏日题寻真观李宽中秀才书院》、贾岛的《田将军书院》等等。这些诗作大都是安史之乱以后，也就是唐代后期的作品。从这些作品中可知，这类书院大都是文人、学者个人读书或者研讨学问之所。

私人所建书院中，有三所书院在地方志中有记载。一所是费君书院，在虞乡县（今山西永济）的五老峰下；一所是李秀才书院，在衡阳的石鼓山；另一所是南溪书院，在南溪县北部。可见，当时的书院已经分布在全国各处，成为较为普遍的场所。据地方志与其他书籍记载，在今属湖南、福建、江西、四川、浙江、陕西、广东、山东诸省境内，唐代还有一些私人所建的书院，比如说衡山的韦宙书院、卢藩书院和邺侯书院；耒阳的杜陵书院；攸县的光石山书院；皇寮书院，在江西吉水县，唐通判刘庆霖建以讲学；松州书院，在福建漳州府，唐陈响与士民讲学处；义门书院，在江西德安县，是唐义门陈衮建立的；梧桐书院，在江西奉新县，唐罗靖、罗简讲学之处。这些私人所建的书院，大多数也都是个人隐居读书的所在，不过有的已经有了讲学、授徒的活动。比如，皇寮书院的创建人刘庆霖在所创书院中讲学，桂岩书院的创建人幸南容曾在所创书院“授业”。

后一种书院的出现表明，具备学校性质的书院在唐代时就已经产生了，但为数不多，从书院的发展史来看，仅仅是萌芽。

二、五代——书院的萌芽期

907年，朱温废唐称帝，成为后来的后梁太祖，改元开平，建立了后梁（907—923年），中国历史从此进入五代十国时期。从此，在我国北方，后梁、后唐、后晋、后汉、后周五个王朝频繁更迭；在我国南方，长江流域以及以南地区，则是除去北汉以外的吴、吴越、前蜀、楚、闽、南汉、南平、后蜀、南唐九国割据称雄的局面，也就是所谓的十国。这段历史时期是我国分裂战乱、动荡不安的时期，因而书院难以有较大的发展。但是另外一方面，战乱使得官学废弃殆尽，导致唐末战乱之后，士子求学成为一种社会问题，从而为书院萌芽的发展提供了一种可能。事实上，在具备适宜条件的个别地区，书院还是有所发展的。

这一时期比较重要的书院有东佳书堂、匡山书院、梧桐书院等。

东佳书堂位于南唐境内德安东林山下，该书堂始建于唐末。东佳书堂即义门书院，乃唐朝九江郡蒲塘场太平乡常乐里永清村（今车桥镇义门陈村）义门陈氏讲学授徒之所，是具有学校体制的私人书院。从时间上看，早于白鹿洞书院。

匡山书院在太和（今江西泰和县城东匡山下）。后唐明宗长兴年间（930—933年），里人罗韬建，是我国最早的书院之一，历时千年。罗韬（886—969年），字洞晦，号静逸先生，又号匡山子，匡苑前乡书院村人，以传授圣人学问、培育贤才为己任，慷慨出资创建了一座书院，供前来求学的人读书住宿。他还在书院建孔圣殿、五经阁，并置学田，供给书院的费用。后唐明宗知道他的学生很多，教绩显著，当地民风日益变好，特颁敕书表彰，还命翰林学士赵

凤书写了“匡山书院”的匾额赐给书院。

梧桐书院原名“梧桐书屋”，是奉新最早的一所书院。南唐时期，梧桐山上隐居着饱读经书、品行高洁、不愿做官的罗氏两兄弟。兄长叫罗靖，字仁节，人称中庸先生；弟弟叫罗简，字仁俭，人称诚明先生。两兄弟在梧桐山的南面构筑房舍，开设书院，讲授义理之学。因山上多梧桐，所以书院取名梧桐书屋。

在南唐境内，有一所庐山国学，为宋朝著名书院白鹿书院的前身。此一前期工程不仅为书院提供了必备的物质条件，而且为书院积累了丰富的教学经验，书院诸多特点皆形成或孕育于此时。书院经过国学阶段的不断运用、实践、推广、发展，终至完备。就此而言，庐山国学不愧为转型期的一个重要里程碑，在中国书院发展史上占有一定的地位。

庐山国学又名白鹿洞国学、白鹿洞书馆、白鹿国库、白鹿国学、庐山书堂等，位于庐山五老峰下的白鹿洞，南唐升元四年（940 年），南唐政权在李渤隐居的地方建立学馆，称“庐山国学”，又称“白鹿国学”。这是一所与金陵（今南京）国子监相类似的高等学府，除李善道外，在庐山国学任教的还有陈贶、朱弼等人。

陈贶，南闽人，他在庐山国学任教长达三十年，许多生徒都出自他的门下。

朱弼，字君佐，建州（今福建建瓯）人，他在庐山国学任教时，很善于教学，深受生徒的爱戴。由于仰慕他的名声，前来庐山国学肄业的生徒增加了很多。

南唐时候庐山国学曾造就出不少杰出的人才，其中比较著名的有李中、伍乔、江为、刘洞、杨徽之、卢绛、段鹄、孟归唐、李寅、何昼、刘式等。

在战乱频仍的五代时期，南唐书院却能有所发展，庐山国学尤其能在培养人才方面取得明显的成就，这绝非偶然。首先，当时南方诸国与中原地区相比，战乱相对较少，无论是社会环境还是人民生活都相对稳定，因而社会经济仍有向上发展的趋势，而南唐在南方诸国中，堪称是“大邦”，因此这种情况自然有利于文化教育的发展；其次，南唐的三位君主李昪、李璟和李煜都喜好儒学，其中李璟、李煜更是中国历史上

著名的词人，自然很重视文化教育，李璟还亲自到庐山国学视察过。统治者的重视，是南唐教育事业发展迅速的一个重要原因。

五代时期，除了南唐以外，在其他地区也曾出现过新的书院。比如洛阳的龙门书院，登封的太乙书院，以及窦禹钧在其家乡渔阳（今天的津蓟县）所建的书院等。

五代时期，有的书院已经具有了较大量的藏书，并能为家境贫寒的学生提供资助，有的书院还有专供解决办学经费的学田。另外，白鹿书院的前身庐山国学，还出现了“升堂讲释”的教学形式以及“日课”，所有这些都对日后的书院产生了影响。不过也应该看到，这一时期，作为学校形式的书院数量仍旧较少，在书院的发展过程中，五代时期仍为萌芽状态。

从唐至五代时期的书院来看，科举制度是促进书院发展的重要力量。书院与科举联姻的主要原因包括：儒家传统文化的影响、封建家族维护稳定和发展的需要及书院教育家的榜样作用等。书院与科举的联姻在促进书院发展的同时也使书院演变成另一种形式的官学，从而阉割了书院自由讲学、独立研究的办学精神，这一历史教训令人深思。

三、北宋——书院的短暂勃兴

（一）宋初著名书院简介

后周显德七年（960年），后周大将赵匡胤发动陈桥兵变，建立宋朝，定都开封（今属河南），史称“北宋”，赵匡胤就是宋太祖。

宋初，战乱频仍的局面渐渐有所好转并最终结束，从而为文化教育事业的发展提供了有利的条件与环境，在这样较为安定的生活环境中，士子们的求学愿望愈发强烈。但是由于宋朝封建统治者将主要精力都投入到了军事、政治和财政等方面以图加强中央集权，对教育事业，特别是官学的发展则重视不够，导致宋初八十年国家没有兴学，官学没有任何新的发展，中央仅勉强维持了国子监与太学。官学的不振、地方教育的缺失，既不适应海内承平、文风日起的社会形势，也不利于政权的建设。国民教育全赖书院，历史赋予书院以替代官学的角色，而官府和民间都把握了难得的机遇，在满足教育需求的努力中，强化了书院的教学功能，使书院以学校的名义获得了称闻天下的盛名，这就为书院的全面兴起提供了契机，有责任感的中国士人自觉地分担起培养人才、教育世人的职责，他们又开始聚书山林，建院讲学。

北宋书院的历史可以划分为两个发展阶段。第一阶段是自宋太祖建隆元年至宋仁宗庆历三年（960—1043年），兴复、创建书院二十一所，这一阶段的书院凭借朝廷和地方官府的推波助澜营造了显赫的声势，获得了社会的肯定。此外，这一时期书院显著的特色是教育教学功能，以为国家培养人才为己任；第二阶段，自庆历四年至北宋末年（1044—1126年）创建、兴复书院三十六所，书院进入了一个实质性的发展期。

这时的北宋政权相对稳固，官学逐渐兴起。官学的复苏影响了书院的发展，书院失去了官府的支持，有的书院如白鹿洞书院被废弃，有的书院如应天府书院被改为府、州、县各级官学。但书院的深植民间使它获得了更多发展的养分和空间，书院的其他文化功能也在满足文化需求中得到了相应的发展，书院和科举相结合是强化教育功能的最大体现，民间书院中以读书应试而扬名者不少，于是培养更多状元成了书院的自觉追求。北宋时期的书院围绕科举考试组织自己的教学，强化了自唐代以来即有的教育功能。

关于宋初的著名书院，迟至从南宋以来，一直有所谓“四大书院”的说法，但对于“四大书院”的具体所指，却说法不一。总结起来，有这样几种说法，一是嵩阳、岳麓、应天府、白鹿洞说，主要见于宋人吕祖谦的《白鹿洞书院记》等；二是徂徕、金山、石鼓、岳麓说，见于宋人范成大的《衡山记》；三是白鹿洞、岳麓、嵩阳、茅山说，见于宋人袁燮的《四明教授厅续壁记》；四是白鹿洞、石鼓、应天府、岳麓说，见于元马端临《文献通考》、明人王袆《游鹿洞记》等；五是睢阳、石鼓、岳麓、白鹿洞说，见于明人李梦阳的《大梁书院碑记》。尽管说法不一，但可看出岳麓、白鹿洞、应天府、嵩阳、石鼓、茅山六所书院是为后世所较多提到的，可以看成是宋初较为有名的六所书院。

岳麓书院位于长沙市湘江畔岳麓山下，其前身可追溯到唐末五代（958 年）智睿等二僧办学。北宋开宝九年（976 年），潭州太守朱洞在僧人办学的基础上，正式创立岳麓书院。南宋理学家朱熹等曾在此讲学，据说，鼎盛时期从学有千人之多。从岳麓书院至湖南大学的千年办学历史，反映了中国教育制度的变迁，是我国高等教育发展史的一个缩影。岳麓书院所在的长沙岳麓山自古就是文化名山。西晋泰始四年（268 年）麓山寺创立，六朝建道林寺，唐代马燧建“道林精舍”。唐末五代智睿等二僧建屋办学，形成书院的雏形。北宋开宝

九年（976年），潭州太守朱洞因袭扩建，创立岳麓书院；大中祥符八年（1015年），宋真宗赐“岳麓书院”敕额，岳麓书院遂为全国四大书院之一。岳麓书院创立伊始，即以其办学和传播学术文化而闻名于世。

白鹿洞书院的创始人可以追溯到唐朝的李渤。南唐升元四年（940年），南唐政权在李渤隐居的地方建立学馆，称“庐山国学”，又称“白鹿国学”。北宋初年，江州的乡贤明起等，在白鹿洞办起了书院，“白鹿洞书院”之名由此而来，但不久即废。直到著名理学家朱熹重修书院之后，白鹿洞书院才扬名国内。朱熹不仅重修了白鹿洞书院，而且还建立了严格的书院规章制度。《白鹿洞书院教条》是教育史上最早的教育规章制度之一。自朱熹之后，白鹿洞书院“一时文风士习之盛济济焉，彬彬焉”。它与岳麓书院一样，成为宋代传习理学的重要基地。

嵩阳书院（又名应天书院）位于河南省郑州登封市嵩山南麓，太室山脚下，因坐落在嵩山之阳故而得名。宋代理学的“洛学”创始人程颢、程颐兄弟都曾在嵩阳书院讲学，范仲淹、司马光等也曾来此讲学，此后，嵩阳书院成为宋代理学的发源地之一。嵩阳书院经历代多次增建修补，逐渐形成规模，布局日趋严整。

应天府书院又称睢阳书院，唐哀帝天祐四年（907年）唐朝灭亡，中国历史进入“五代十国”分裂时期。官学遭受破坏、庠序失教，中原地区开始出现一批私人创办的书院，应天府书院由此而生。宋贞宗时得皇帝赐名“应天府书院”，并成为宋代较早的一所官方书院，宋代人称“天下学校自此而兴”。名扬天下的范仲淹就是这所书院最出色的学生之一，他也曾到该书院任教。1043年，宋仁宗下旨将应天书院改为南京国子监，成为北宋最高学府之一。

石鼓书院建于湖南衡州石鼓山，故而得名。宋太宗至道三年（997年），州人李士真请求郡守在这里建立书院，招收生徒讲学。朝廷赐“石鼓书院”敕额，《文献通考》列为“宋兴之初天下四书院”之一。仁宗时一度荒废，

到南宋孝宗时，因旧址复院扩建，规模大增。朱熹曾为之做记。

茅山书院位于江苏金坛茅山，又名金山书院，为隐居茅山的处士侯遗所建，院址在江宁府三茅山后侧，故称茅山书院。当时办院经费由书院自筹，侯氏在此教授生徒十余年。仁宗天圣二年(1024年)，经江宁知府王随奏请，朝廷赐给田亩，充书院经费。南宋咸淳七年(1271年)，迁至金坛县顾龙山之麓。

除了以上较为有名的六所书院之外，宋初还有其他几所相对也较为出名的书院。

徂徕书院位于山东徂徕山，徂徕山又称龙徕山，是泰山东南的著名山峰，徂徕书院就建在山北。徂徕书院的创建人是著名学者石介，人称徂徕先生。徂徕书院存在时间很短，随着创办人的病逝而消逝。

与徂徕书院一时并称、闻名遐迩的另一所书院是泰山书院，这是由石介的老师孙复所创，位于泰山凌汉峰下，石介和孙复等都曾在此讲学。

在宋初八十余年间，这些书院一是依凭着中央与地方官府这样一个强大的权力资源，扮演着替代官学的角色，它们和位居京师开封府的国子监一起，构成了从地方到中央的官学体系，承担着国家最主要的教育任务，这种状况一直到仁宗景祐年间，先后改书院为州府学时才开始改变，到庆历兴学时基本结束；二是他们替代官学数十年之久，强化了书院的教育功能，从此学校性质成为书院的主流，教育教学成为书院最主要的功能；三是它们可以视为中国书院教育制度基本成立的一个标志，作为一种比较成熟的教育制度，书院包含讲学、藏书、祭祀、学田四大基本规制。

（二）庆历之后书院发展情况

宋初，朝廷从建立和加强中央集权统治的需要出发，曾极力提倡科举、招揽人才。宋初统治者的这种政策，一方面对巩固宋王朝的封建统治起到了一定

的作用，但另一方面也在士子中造成了一种企图侥幸获得名利而不扎实刻苦学习的风气，因此一些有识之士相继而起，指出科举制度的弊端，主张兴学育才。庆历之后，宋朝先后有三次兴学之举：

1. 庆历兴学

这次兴学始于仁宗庆历四年（1044年）三月，由范仲淹主持推动。庆历三年（1043年），范仲淹奏上《答手诏条陈十事》作为庆历新政的纲领，其中前四项都与科举教育改革有关。次年，朝廷正式下诏兴学，措施主要有以下几个方面：

第一，诏州县立学，选部属官或布衣宿学之士为教授，并立听讲日限，规定士须在学校习满三百日，方许应举。这项措施旨在避免学校流于形式，沦为单纯为应试举人取解的场所，进而保障学校的正常教学秩序。

第二，振兴太学，选用拥护新政的著名学者石介、孙复主持太学讲席，将胡瑗的“苏湖教法”引进太学。

第三，设立四门学，允许八品至庶人子弟入学，扩大了中小庶族地主子弟入学深造的机会。

第四，改革科举考试方法。科举考试先策论，后诗赋。

庆历兴学中，将胡瑗的“苏湖教法”定为太学的教学法，表现出这次兴学力图在太学教育中贯彻“明体达用”的精神，以培养学生实际才能为意向，是这次兴学对教育进行改革的重要体现。庆历新政实施不过一年多，便在旧官僚权贵集团的强烈反对下失败，兴学也告夭折。但毕竟促成了宋代学校教育的兴起，一些改革措施对后世也有重大影响。

2. 熙宁兴学

宋神宗即位后不久，朝野上下就围绕着学校和科举如何培养、选拔人才的问题，开展了内容更为广泛、深入的变法运动。主持和推进熙宁兴学的代表人物是著名的政治改革家和学者王安石。

宋神宗熙宁二年（1069年），王安石任参知

政事，主持变法大计。此后，朝廷陆续颁布了一系列的兴学诏令。其具体内容主要包括以下几个方面：

第一，改革太学体制。在太学实施三舍法，将太学生员分为外舍、内舍、上舍三个等级，生员依学业程度，通过考核，依次升舍。三舍法的实施强化了学校的职能，有力地保障了日常教学的进行，并使得学校教育的课业与考试更加规范化。

第二，颁布《三经新义》。为了统一经学，熙宁六年（1073 年）设经义局，王安石亲自修撰《诗》《书》《周礼》三经义，由朝廷正式颁行，成为官方考试、讲经所依据的标准教材。

第三，举办专门学校，以培养具有一技之长的人才。熙宁五年（1072 年），复置武学。熙宁六年（1073 年）设置律学。此外，还设置了医学，分为方脉科、针科、疡科，设教授一员，学生三百人。

第四，扩建和整顿地方官学。设置诸路学官，学官任免由中央政府直接控制，全权负责管理当地教育。朝廷还为地方学校拨充学田，从而在物质条件上为州县学校的维持提供了保障。

虽然熙宁、元丰兴学的历时时间较庆历兴学的长，但随着神宗的去世与高太后的当政（其时哲宗年幼），这次兴学也中途夭折。

3. 崇宁兴学

到宋徽宗即位后，打起继承先皇（神宗）之政的旗号。崇宁元年（1102 年），尚书右仆射兼门下侍郎蔡京奏请兴学贡士，朝廷随之发布一系列诏令，内容主要包括以下几个方面：

第一，州县普遍设学，县学亦置小学，在各地方学校也实行三舍法。县学生可升入州学，州学生可贡入太学。至此，形成了遍布全国州县的学校网络。

第二，扩建太学。崇宁元年（1102 年）在京城南郊营建太学之外学，赐名辟雍，规模仿《周官》外圆内方之制。

第三，以学校取代科举取士。崇宁三年（公元 1104 年）诏罢科举，士人全部由学校升贡，每岁考试上舍生入礼部试法。次年赐上舍生三十五人及第，以后又间行科举，与舍选并行。宣和三年（1121 年）恢复科举旧制，但太学仍保留崇宁定制。

第四，兴办专门学校。崇宁三年（1104 年）设置书学、画学、算学等专业学校，采用太学三舍法考选取士。崇宁时期的画学是中国古代唯一举办过的专门美术学校。

发端于崇宁间的这次兴学，一直延续到徽宗宣和初年。宣和三年（1121 年），朝廷下诏恢复科举取士，除太学仍用三舍法外，州县一律终止实行三舍法。自崇宁以来的兴学运动就此终结。

北宋庆历以后的三次兴学虽然都未能持续下去，但这三次兴学在促进宋朝中央与地方官学的发展方面取得的成就还是很大的。而官学的蓬勃发展以及在三次兴学中一再强化的入学与入仕之间的联系，势必将读书士子的注意力从书院引向官学。在这种情况下，宋代初期所建的一些书院渐受冷落自然是不可避免的。于是，原有的著名书院有的荒废了，有的则与官学合二为一了。

（三）名师高徒

北宋的书院曾经出了多位名师，当时著名的讲学者或是主持人有孙复、石介、李觏，周敦颐、曾巩、程颢、程颐、杨时等。

石介（1005—1045 年），字守道，一字公操，兖州奉符（今山东泰安东南）人。石介是宋初著名的文学家，因曾在家乡徂徕山下讲学，所以后人称他“徂徕先生”。他和孙复、胡瑗在泰山书院开馆收徒，提倡师道，号称“宋初三先生”。

曾巩（1019–1083 年），字子固，南丰（今属江西）人。从李觏受学于南城盱江书院。宋嘉祐二年（1057 年）登进士第，

历任太平州司法参军、越州通判、中书舍人等。北宋文学家，“唐宋八大家”之一。曾经学于由他在抚州香楠峰所建的兴鲁书院，著作有《元丰类稿》。

程颢（1032—1085年），宋代理学家、教育家。字伯厚，人称明道先生，河南府（今河南洛阳）人。与程颐为同胞兄弟，世称“二程”，嘉祐进士。他曾讲学于嵩阳书院，著作被后人编入《二程全书》。

程颐（1033—1107年），教育家。字正叔，人称伊川先生，北宋洛阳人。与其胞兄程颢共创“洛学”，为理学奠定了基础。

北宋书院的著名生徒，曾在书院肄业的著名人物除了上面提到的石介、曾巩之外，还有范仲淹、宋庠、宋祁、郑獬等。

范仲淹（989-1052年），字希文，和包拯同朝，为北宋名臣，政治家、文学家，谥号“文正”，吴县（今属江苏）人。曾就学于应天府书院，有《范文正公集》传世。

宋庠（996—1066年），原名郊，字公序，入仕后改名庠。安州安陆（今湖北安陆）人，生于宋太宗至道二年（996年），后徙开封之雍丘。曾就学于分宁的芝台书院与樱桃书院。天圣初，举进士第一。历任大理评事、知制诰、参知政事、枢密使等。著作有《宋元宪集》四十卷等。

宋祁（998—1062年），字子京，安陆（今湖北安陆）人。天圣初（1023年）与兄宋庠同举进士，当时称为“二宋”。累迁同知礼仪院、尚书工部员外郎、知制诰。又改龙图学士、史馆修撰。因所写《玉楼春》词有“红杏枝头春意闹”的名句，被人称为“红杏尚书”。修《新唐书》，为列传一百五十卷。拜翰林学士承旨。卒谥景文。

四、南宋——书院的成熟期

（一）发展概况

靖康二年二月，金军废掉宋徽宗、钦宗两位皇帝，至此北宋灭亡。同年五月，康王赵构（1107—1187年）在应天府即位，改元为建炎（1127—1130年），他也就是宋高宗。此后向南迁移，在绍兴八年（1138年）定都临安（今浙江杭州），历史上称为南宋。书院经过宋初的发展高潮和北宋后期的沉寂，在南宋时期走上了一条宽广繁荣的道路。

南宋时期的印刷技术已经相当发达，图书出版业比较繁荣，出现了大量的书局。书籍的大量流通使得从前不知书为何物的乡村子弟有了读书学习的渴望和要求。乡村书院大量出现，相较州县书院兴办的复杂，乡村书院的建立相对简单，可操作性强。许多士大夫为传播本土思想，纷纷踏入兴办乡村书院的行列，乡村书院数量众多，规章相对完备而且非功利，民间的力量对书院的发展起到了很大的推动作用。在南宋这段历史时期内，我国的今属江西、福建、湖南、浙江、四川、广东、安徽、广西等许多地区都有新的书院建立。在南宋一百五十三年的统治时期内，书院共计四百四十二所，是北宋书院总数的六倍，是唐、五代、北宋共五百多年间书院总和的三倍。

南宋书院的发展，以宋理宗时期最为繁荣。理宗是南宋比较有作为的一个皇帝，史书中将其亲政后的一些改革称为“端平更化”，他采取了宽松的文化政策，允许学者自由讲学和建立理学宗庙，奖励一些较有作为的书院。在这之后出现了许多著名书院，据有关文献记载，当时比较著名的书院分别有应天明道书院、苏州的鹤山书院、丹阳的丹阳书院、太平天门书院、徽州紫阳书院等等。

这些书院不论是在办学规模、培育人才数量还是在学术研究的深度方面都有很大成就，宋理宗时期所建书院占整个宋代所建书院的一半。南宋时期，书院还发展到了少数民族聚居的地区。比如在当时少数民族居住的黎州（今四川汉源北）曾建立过一所玉渊书院。南宋时期，江西、浙江、福建和湖南四省所建书院的数量最多，南宋书院不仅数量大为增加，而且在规模上也有所扩大，功能更加完备，形成了研究、讲学、藏书、刻书、祭祀、学田六大规制。

绍兴十二年（1142年），官府开始兴学，将临安府学扩充为太学，次年，各州县学逐渐建立。由于南宋是一个偏安一隅的小朝廷，投资教育的财力相对有限，既不能满足社会各方面对人才的需求，也不能满足国民对教育的渴求，所以官学在南宋期间的影响十分有限，政府只能将培养人才的重任寄希望于书院，对书院的发展采取支持的态度。于是大量书院开始重建，因此南宋被视为是我国书院的大发展时期。

在南宋"嘉定更化"之前，也就是建炎至开禧年间建立起来的书院主要有：钓鳌书院、碧泉书院、龙光书院、石洞书院、道山书院、城南书院、寒泉书院、龙门书院、武夷精舍、应天山精舍、修江书院、长春书院、凤岗书院、竹林精舍、河山书院、丽泽书院、龙川书院等等。此外，除了一些新建书院，一些原来就有的书院在这一历史时期也得到了复兴，比如岳麓书院、白鹿洞书院等。

在这一时期的书院创建与修复过程中，南宋理学家们起了非常重要的作用。南宋是书院发展史上最重要的一个发展时期，最大的特点是在学术大师的指导下，书院作为一种文化教育制度得以完全确立。主要表现为以下两个方面：一是书院与理学的一体化。南宋的学术大师们承继唐代书院整理典籍，以书院作为基地，各自集聚了大批的学者，努力经营壮大自己的学派，集成学术成就。将学术与书院的发展推向了一个前所未有的大繁荣时期，并开创了将书院与学术一体化的传统。从此书院作为一种组织，成为推动我国古代学术发展的重要力量；二是书院教育制度得以完全确定，它不仅吸取了官学与私学的经验，而

且吸取了佛教与道教的经验。书院制度的确立标志着我国教育进入了书院、私学、官学并行的时代。

两宋之际，金兵南下，战乱频繁，再加上不断涌现的农民起义，四川向东沿江一线战火连年不绝。北宋时期创建的书院大都毁于战火，各地的官学也没能逃脱战争的破坏。为了重建书院，在士人中重新确立正确的、积极的价值观，理学家们将书院和理学的传授相结合并将其推向发展的高潮。张栻、吕祖谦、朱熹、陆九渊是南宋最著名的理学大师，其中张、吕、朱三人的观点主张更为接近，历史上称其三人为“东南三贤”。张栻曾在碧泉书院学习，后创立城南书院并在此讲学，后来还应邀主讲天下著名书院。他的书院经验和阅历最为丰富。吕祖谦除了自创书院并讲学外，还曾协助朱熹管理白鹿洞书院，并安排了著名的鹅湖之会，协调于永康、永嘉各派学者的讲学等，对书院作出了很大贡献。朱熹是理学的集大成者，曾到岳麓、城南书院讲学，他经历了书院运动的全过程，穷其一生致力于书院的兴复与辉煌。陆九渊曾讲学于白鹿洞书院，他钟情于精舍，对书院建设作出了很大贡献。

理学大师们在对书院长期建设的实践中，明确了书院的目标。南宋初年理学家开展的书院运动从兴复北宋原有的著名书院开始。“东南三贤”的前辈胡宏自创书院，他的努力使得作为学生辈的张栻等人明确了建立书院的追求目标之一应是谋求官方和民间两种力量共同推进书院建设。淳熙八年（1181 年），在朱熹说服下，孝宗皇帝为白鹿洞书院赐书、赐匾额，朝廷又开始用实际行动支持书院的建设，此时民间对书院的支持是一直存在的，至此，理学家们实现了第一个目标，书院进入了官民共同推动的新时期。南宋理学家们的第二个目标是批评学校科举的教育模式，并且修正沉迷于科举教育弊端的另外一种官方的教育模式。南宋理学家们追求的书院理想是：书院不以科举为目的，而是以讲学为指归，希望化解生徒们的利禄之心，培养真正传道济民的人才。南宋理学家们经过艰苦卓绝的努力，最终确立了独具特色的书院制度。

（二）名师高徒

朱熹在南宋书院的发展历史上，占有着重要而独特的地位。他不仅积极参与书院的创建与复兴，并且是这一时期最重要的书院教育家，他对我国书院的发展所作出的努力，对南宋乃至以后的书院发展起到了重要的作用。

朱熹（1130-1200 年），字元晦，后改仲晦，号晦庵，别号紫阳，祖籍徽州婺源（今属江西）。南宋著名理学家、思想家、哲学家、诗人。朱熹是程朱学派的主要代表，是宋代理学的集大成者，他继承了北宋程颢、程颐的理学，完成了客观唯心主义的体系。他认为理是世界的本质，“理在先，气在后”，提出“存天理，灭人欲”的观点。

从政为官只占据了朱熹一生中一小部分的时间，他将主要精力都放在了教育与学术研究上，书院教育是朱熹从事的一项最重要的教育实践活动。一方面是在他生活的时代，理学还没有为当权者所认可和重视，所以很多理学思想只能通过书院传播；另一方面是作为学者的朱熹对于官学沦为科举制的附庸从而造成“人才日衰”的现状非常不满，除了提出尖锐的批判之外，只能倚靠书院来实现他的育人和治学的理想。

朱熹一生曾经在多所书院从事过教育活动，乾道三年（1167 年），朱熹出游长沙，拜访张栻，曾讲学于城南书院和岳麓书院；淳熙七年（1180 年），在重建白鹿洞书院初步告成时，也曾一再到此书院讲学；绍熙五年（1194 年），策划修复岳麓书院并讲学；“庆元党禁”期间，他在避地古田时曾讲学于当地的溪山书院和螺峰书院；闲居崇安和建阳两地时，还一手创建了寒泉精舍、武夷精舍、竹林精舍等。此外，还曾讲学、授徒于东阳的石洞书院和建阳的瑞樟书院。“居家则寒泉谈经、武夷授课、沧州讲学，外任则白鹿书院、漳州道院、岳麓书院，随政兴学，门人弟子遍布天下。”

朱熹最重要的书院教育活动之一是他为白鹿洞书院制定的一份学规——《白鹿洞书院揭示》（又称《白鹿洞书院学规》《白鹿洞书院教条》），在学规中，朱熹明确指出书院的教育宗旨——进行关于“父子有亲、君臣有义、夫妇有别、长幼有序、朋友有信”的“五伦”教育，明确了书院生徒的为学顺序，包括“博学”“审问”“慎思”“明辨”“笃行”。另外，朱熹在长期的书院教学过程中，总结提出了不少有价值的教学原则和教学方法。除了《白鹿洞书院揭示》中体现出的学思结合、知行合一之外，还有重视教育学生立志与启发式教学、博专结合等。朱熹还主张以 15 岁为界，将学校教育划分为小学教育与大学教育两个阶段，并提出过一套“朱子读书法”，分为“循序渐进”“熟读精思”“虚心涵泳”“切已体察”“著紧用力”“居敬持志”六条，以指导生徒的读书学习。淳祐元年，宋理宗亲笔手书《白鹿洞书院揭示》赐予太学，这意味着《白鹿洞书院揭示》已成为御颁的教育方针。从此，这一学规被越来越广泛地推行于南宋以及元、明、清各代的书院，并对官学也产生了深远的影响。

南宋时期，在书院讲学后任主持人的著名人物还有胡安国、胡宏、张栻、吕祖谦、陆九渊、陈亮、叶适、黄蛤、蔡沈、真德秀、魏了翁、王柏、刘辰翁等。

胡安国（1074–1138 年），字康侯，建宁崇安（今福建武夷山）人。绍圣四年进士，为太学博士。绍兴间曾授徒于碧泉书院。著有《春秋传》，今存三十卷；又有文集十五卷、《资治通鉴举要补遗》一百卷，今已佚。《全宋诗》卷一三七〇录其诗二十二首。胡安国还是湖湘学派的先驱和奠基者。

胡宏，胡安国之子，字仁仲，号五峰，人称五峰先生，崇安（今福建崇安）人。湖湘学派创立者。以荫补承务郎，终生没有做官，长期隐居于衡山下，曾讲学于碧泉书院和道山书院。主要著作有《知言》《皇王大纪》和《易外传》等。

有名师必有高徒，南宋书院在这一时期也出现了著名的生徒，如蔡元定、陈淳、江万里、文天祥、张翌、吴澄等。

江万里（1198–1275 年），字子远，号古心，都昌人。家学渊源，幼年在祖父所建的书馆内读书，神隽铎颖，连举于乡，后从父教，学《易》经，稍长，赴白鹿洞书院深造，后又游学于隆兴府东湖书院，分别创设过白鹭洲书院与宗濂书院。

文天祥（1236–1283 年），原名云孙，字宋瑞，又字履善，自号文山、浮休道人，庐陵（今属江西吉安）人，南宋杰出的民族英雄和爱国诗人。著《文山全集》，名篇有《正气歌》《过零丁洋》等。宋理宗宝祐时进士，官至丞相，封信国公。临安危急时，他在家乡招集义军，坚决抵抗元兵的入侵，后不幸被俘。文天祥以忠烈名传后世，受俘期间，元世祖以高官厚禄劝降，文天祥宁死不屈，从容赴义。生平事迹被后世称许，与陆秀夫、张世杰并称为“宋末三杰”。著作有《文山先生全集》《文山乐府》。

（三）组织与活动

南宋时期是我国书院制度的成熟时期，除了前面所提到的“三大事业”——讲学、供祀、藏书有了长足发展以外，书院的建筑结构和经费支出也形成了一定的规制。

南宋书院的组织管理主要包括设置管理人员和招收管理生徒两方面。南宋时期，书院的主持人称为“山长”“院长”“洞主”“山主”等，以“山长”居多。除山长外，南宋时书院的管理人员还有副山长、堂长、讲书、学录、堂差、直学、司计、斋长、斋谕等等，其中，堂长是较为常见的管理人员，但不同书院堂长的地位与执掌不尽相同。南宋时期书院招收生徒一般不分籍贯，只有少数书院对于生徒要加以挑选，在对于生徒管理方面不少书院采用分斋制，各个书院所设斋数并不相同。

南宋书院的三大事业，其实也就是书院的三种功能——讲学、供祀、藏书。

讲学是书院活动的中心内容。在讲学方面，南宋书院的发展主要表现在以下几个方面：一是书院本身与官方都很重视为书院选择教师。比如东阳的石洞

书院就曾经多次请朱熹、吕祖谦、叶适、魏了翁等名师前去讲学；二是不少书院讲授内容有鲜明的学派性，尽管儒家经典仍是南宋书院的主要教材，但是不同学派的代表人物，在其主持或是讲学的书院之中传授的仍是本学派的学说；三是不同学派可以在同一书院讲学，进行学术上的交流。比如乾道三年，作为闽学派代表的朱熹曾到湖湘学派代表张栻所主教的城南书院和岳麓书院同张栻“会讲”；四是地方官员积极参与书院讲学活动；五是书院讲学同生徒自学相结合。南宋书院讲学中，对于儒家经典著作通常是在生徒自学的基础上有选择地就某一部分或者某一点进行讲解和阐发；六是书院讲学形式多元。五代时期就已经出现的“升堂讲释”的教学形式在南宋时期发展成为书院流行的主要讲学形式，同时还出现了生徒代讲以及生徒试讲同教师讲说相结合的新的教学形式；七是邀请名师讲学，非本书院人士也可前来听讲。

在供祀方面，南宋书院供祀“先贤”的活动不仅相当普遍，而且供祀对象也明显扩大。既有孔子及其弟子，也有北宋以来的理学家，还有乡贤名宦、文化名人以及和书院有关的人物。

在藏书方面，和北宋时期相比，南宋书院更加重视藏书。朱熹在兴复白鹿洞书院时期，除了奏请朝廷颁赐《九经注疏》等书以外，还曾经向江西诸郡以及四方学者广为征求图书。这一时期，为了满足书院生徒学习和书院本身藏书的需要，有些书院已经开始刻印图书，这种书院所刻印的书被称为“书院本”。比如嘉定十七年（1224 年）白鹭洲书院所刻的班固撰、颜师古注《汉书集注》一百卷，绍定三年（1230 年）象山书院所刻袁燮《絜斋家塾书抄》十二卷等等。

伴随着这一时期书院组织管理的趋于健全和书院“三大事业”的发展，书院的建筑结构也形成了一定的规制。典型的南宋书院，其主要建筑包括礼殿、讲堂、斋舍、书楼等。其中，礼殿又称圣殿、大成殿或燕居堂等，是供祀孔子的处所；讲堂是教师讲学的处所；斋舍是生徒肄业、居住

的处所；书楼是藏书的处所。至于经费，南宋书院一般倚靠学田的田租，这些学田，有的是私人捐赠，有的是官府所拨，另外还有给别的书院以抵质库的利息收入作为经费来源。这些收入主要用于供给书院管理人员和生徒所需以及书院的祭祀费用等。

五、元代——书院的官学化时期

（一）发展概况

13世纪初，当金、南宋、西夏、大理各政权互相对峙征战而日趋衰落之时，我国北方大草原的蒙古族迅速崛起，并席卷全国。1271年，忽必烈建立元朝，至1279年灭南宋，完成了统一全国的大业。元朝的统一，实现了经济文化的大融合，元代为金戈铁马的蒙古贵族统治时期，但统治者不仅仅是草莽英雄，他们对儒家文化有着应有的尊重，有过创建两万四千四百所各级官学，使得全国每两千六百人就拥有一所学校的伟大政绩。当权者对于中国士人的文化教育组织——书院也很重视，多方扶持，而且蒙古人、色目人、南人和汉人一起加入到建设书院的行列中，创造了“书院之设，莫盛于元”的历史记录。忽必烈建立了行省制度，在征服汉族的同时，重视儒教、重用儒士，大军过处，明令保护书院、学校。这些政策使得书院事业继续向前发展。

元代从1271年到1368年共九十八年，期间书院总数为四百零六所，其中新建书院二百八十二所，兴复旧有书院一百二十四所。朝廷采取开放书院办学的政策，提倡在政府的监督控制下发展书院教育，并且制定了相应的鼓励办学措施，通过多条途径创办书院。元代打破了自唐末以来书院由民间创办的传统，朝廷不但兴办书院，而且解决官府所办书院肄业学生的出路问题，对于那些不愿为官而隐居山林的讲学者，允许建立书院，自行讲学。据考证，民立书院在元代的书院建设中占据第一位。

元代官府创建的书院有专项资金、田产、编制，各级官员兼位任山长或者由官府聘任山长，对于民间创办的书院，官府也酌情给予资金、田产方面的补

贴。书院的经济也有相应的管理制度，同时官府也从宏观上加强对民办书院办学思想的监控。

元代由官府兴建的书院很多，其中太极书院是最早的一所，同时也是影响最大的一所。太极书院于元太宗七年（1235 年）在北京创办，院内有从中原搜集的儒家书籍八千余卷，依照岳麓、白鹿洞书院标准设计建造书院格局，供奉着理学开山祖师周敦颐，并聘请江南名儒士赵复等讲学其中。太极书院的兴建使得原本在长江流域盛行的书院文化传到了黄河以北地区，同时也把儒学尤其是理学带到了北方。伴随着太极书院的诞生，各地书院也纷纷涌现。

在中国书院发展史上，元代的最大贡献在于其弥补了辽金时期的遗憾，将书院和理学一起推广到了我国北方地区，缩短了南北文化差距。与理学一体化的书院被当做官学，也就是书院官学化，成为元代书院最显著的特征。书院的官学化虽然使书院获得了一种和危害其发展的敌对势力相抗衡的政治背景和力量，也能保证办学的学田和经费等经济力量，但同时也使得书院原本充溢着的自由主义精神渐渐消失，书院教育失去了初衷和灵魂。元朝末年，由官府所选聘的山长大都沦为政治官僚的傀儡和附庸，消逝了学术和思想上的锋芒，这也成为元代书院的一大遗憾。

（二）名师高徒

元代统治者非常推崇儒学，元代书院以传授儒家思想为主，主要是理学。宋代书院与理学相结合的形式在元代得到了确认，程朱学说确立了至高无上的地位。由太极书院开始，各书院以四书五经作为基本教材，鼓励学生参加科举考试。元代的一些著名学者都在书院讲学，比较著名的有赵复、李治、金履祥、吴澄、马端临、同恕、黄泽、袁桷、安熙、程端礼、祝蕃、郑玉、宋濂等。

赵复，字仁甫，又称江汉先生，德安（今湖北安陆）人，理学家。曾在太极书院讲学，弟子百余人，他的讲授活动使得

因战争而长期阻隔的未能传入北方的朱学得以在北方传播开来。著有《传道图》《师友图》《希贤录》等。

李治，字仁卿，号静斋，栾城人，金末进士。晚年授徒于封龙书院，精通数学。著有《测圆海镜》《益古衍段》《敬斋文集》等。

金履祥，字吉父，兰溪纯孝乡（今黄店镇一带）桐山后金村人。幼而聪睿，稍授之书，即能记诵。凡天文、地形、礼乐、田乘、兵谋、阴阳、律历之书，无不深入探究，尤其擅长朱学。南宋末年，他曾受聘讲学于严州钓台书院。元初，他亲自兴办了兰溪县仁山书院，并讲学于此。此外还曾受邀讲学于齐芳书院、重乐书院等。著有《通鉴长编》《尚书表注》《论语集注考证》等。

吴澄，字幼清，晚字伯清，人称草庐先生，崇仁人。早年曾经求学于临汝书院，是与许衡齐名的元朝理学大师，时人称“北有许衡，南有吴澄”。吴澄学术的基本内容是继承宋代的理学，其理论折中于朱熹和陆九渊两派之间，而终归接近于朱熹的学说。吴澄的抱负是“以诗书安天下”，他长期授业教育，成效卓著。治学有方，授课得法，乃其所长，并为后人所仰。曾讲学于江宁江东书院、上饶白石书院。他授课时，对学生“各因其材质，反复训诱之，每至夜分，虽寒暑不易也”。写有《孝经章句》，校定《易》《书》《诗》《春秋》《仪礼》及《大小戴记》，会修《英宗实录》。

马端临，字贵与，饶州乐平（今江西乐平）人，宋末史学家。其父马廷鸾为南宋右丞相，曾任南宋国史院编修官与实录院检讨官，因触犯贾似道而回归故里。端临在家中侍奉父亲，博览群书。咸淳年间，漕试第一，以荫补承事郎。宋亡，隐居不仕，历二十余年专心著述《文献通考》。在其父去世后，教授乡里，任慈湖、柯山二书院山长，台州儒学教授。

黄泽，字楚望，祖籍资州（今四川资中），后迁江州路（今江西九江），元代教育家。大德间先后任江州路景星书院山长、龙兴路东湖书院山长，受学者众多。卸任后，不复仕，闭门授徒以养亲。著有《六经补注》《翼经罪言》

《易学滥觞》《春秋指要》等。

元代曾经在书院肄业的著名人物有许谦、柳贯、泰不华、陈南宾、方孝孺等。

许谦，字益之，号白云山人，浙江省东阳市人。师承金履祥，后来隐居在东阳八华山中开门讲学。他与何益、王柏、金履祥同为金华朱学代表人物，并称“金华四先生”。著有《读书丛说》《白云集》等。

柳贯，字道传，浦江人，从金履祥受业于兰溪的重乐书院。后历任江山县学教谕、江西儒学提举等，与黄虞集、揭傒斯、黄溍并称“儒林四杰”。著有《待制集》。

泰不华，字兼善，原名达普化，元文宗赐名泰不华，先世居白野山，随父定居临海。从周仁荣受业于美化书院，17 岁获江浙乡试第一名。至治元年，赐进士及第，授集贤殿修撰，累迁至礼部侍郎。著有《顾北集》，又重编《复古编》，考订讹字。

方孝孺，方克勤之子，字希直，又字希古，号逊志，时人称“缑城先生”。又因在蜀任教时，蜀献王名其读书处为“正学”，亦称“正学先生”，师从宋濂于浦江的东明书院。著有《逊志斋集》。

（三）组织、制度与管理

元代书院的制度是由南宋书院制度发展演变而来的，除了带有承袭的特点之外，还具有其自身独特之处，最主要的特点就是它的“官学化”，这主要体现在书院的组织与管理方面。

在人员管理方面，元代书院的主持人一般称为“山长”，中原州县的书院山长由礼部任命，各行省所属州县的书院山长由行省或宣慰司任命，品级相当于下州的学正，山长可由学录、教谕升迁而来，这样元代的山长不仅成为学官的一种，而且还纳入了官吏的升迁系统。

在生徒方面，元代一些书院招收生徒不以

籍贯为限，有些书院还招收年幼的学生入院，和成人区分教育。和南宋一样，在对于生徒的管理方面，元代书院多数采取分斋制。但是在生徒的去向方面，元代书院和南宋书院有着显著不同。根据元朝政府规定，元朝书院的生徒经地方官举荐与监察部门考核，可以被用为学校的教官或是政府的吏员，从而改变了南宋政府对书院生徒去向不闻不问的状况。由此可见，元代政府在掌握了书院管理人员委任权的同时，还掌握了书院生徒的分配权，大大加强了对书院的控制。

元代书院和宋代书院一样仍以儒家经典作为主要教材，不同于南宋时期各个学派在本书院讲授本学派知识，元代书院所讲授的内容主要是程朱理学，这是因为元代科举考试的内容以程朱理学为主，这一点对元代整个学校教育造成深刻的影响。元代书院继承了宋代书院重视学生自学的传统，并且更加重视对生徒读书的指导，元代朱学派学者程端礼所著的《读书分年日程》就是这方面的一个代表，这是在吸收总结了以往包括书院教育在内的儒学教育经验的基础上提出来的，它的出现为后来的儒学教育，特别是书院教育提供了具体的指导。

元代书院又较为重视供祀宋代的程朱派理学家。比如，由行中书省杨惟中所建立的太极书院，在设祠供祀理学开山周敦颐的同时，以二程、张载、杨时、游酢、朱熹“六君子”从祀。伴随着书院的“官学化”，书院的供祀活动也开始被元朝政府所关注，并且使之更加制度化了。

元代书院刻印图书的活动较之南宋时期有了很大的发展，不仅从事刻书活动的书院数量有所增加，所刻图书的种类和数量也都有所增长。其中，以仁和（今浙江杭州）的西湖书院最为有名。元代书院本刻书，因为山长多暇、勤于校勘以及书院有政府支持，不惜经费，所以颇有精本诞生。

元代书院的经费仍旧以收取学田的田租为主。这一时期的学田，既有政府拨的，也有私人捐赠的。一些书院如丹徒淮海书院、南阳诸葛书院等拥有学田上千亩，其中淮海书院拥有学田一万九千二百多亩，规模很大。

尽管元代的统治时间不过百年，但是由于勇于尝试和创新，书院在元代有了更为广阔的发展空间。在元代，书院建设队伍不断壮大，蒙古族、女真族等少数民族都参与进来；书院教学内容不断扩展，比如历山书院开创了文、武、医三种教学内容，是一所多学科、多专业的书院；元代书院在制度上也进行了革新，主要表现在山长设置与职责上实行一院两山长，改山长为教授，山长之下设训导主持教学等有关体制的变革措施，是有意义的尝试。总之，元代书院走上了越来越宽广的道路，以多姿多彩的文化教育功效为我国书院历史增添了一段绚丽的章节。

六、明代——书院的承前启后时期

(一) 发展概况

14 世纪中叶开始，天下大乱，战火频繁，朱元璋推翻元朝，建立朱明政权，统一了全国。在书院发展史上，明代可以说是承前启后，占据着相当重要的地位。虽然在二十余年的残酷战争之后，宋元以来兴盛全国的书院大都毁于战乱之中，加上明初以官学结合科举制度推行程朱理学，使得明初一百年，书院几乎成为废墟。但书院在和“王湛之学”结合之后造就了一场倾动朝野的思想解放运动，书院再度辉煌，数量超过唐宋以来历代书院的总和，出现了前所未有的盛况。明代书院分布于十九个省区，主要特点：一是书院向边陲之地推广，云南、甘肃、东北辽东地区第一次出现了书院；二是书院的分布仍然呈现地区性不均衡状态，东北、西北、西南都无法和江南、中原相比；三是江西省继五代、北宋、南宋、元代之后，依然成为书院最多的省份；四是以江西为中心的书院密集区仍然存在。

明代前期书院的发展历程大体可分为两个阶段：第一阶段，自洪武至天顺年间（1368—1464 年），创建、兴复书院一百四十三所，但明代近百年的书院依然处于沉寂无闻的状态。这主要是因为明初政权大兴官学，并将官学与科举结合，规定科举考试的考生只能由学校产生。学校成为步入仕途的唯一途径，书院教育不得不销声匿迹；第二阶段是明宪宗成化和明孝宗弘治年间（1465—1505 年），共四十一年，创建、兴复书院一百七十三所，呈现恢复性发展的局面。这是因为，首先朝廷对设置书院已经没有禁忌，开始对书院持支持态度。其次，宋元时期的一些著名书院开始得到一些修复，并且开始开展一些卓有成

效的教育活动，比如岳麓书院、白鹿洞书院等。明代书院的全盛期在正德年间，书院的再度鼎盛得益于王阳明。

王阳明（1472—1528年），名守仁，字伯安，浙江余姚人，因被贬贵州时曾居住于阳明洞，世称阳明先生。王阳明是我国明代著名的哲学家、教育家、政治家和军事家，是朱熹后的另一位大儒，“心学”流派创始人。嘉靖四年（1525年）九月，在余姚中天阁讲学，门人三百多人，并作《中天阁勉诸生》文书于壁。著有《王文成公全书》。

王阳明在批判朱熹学术的同时，仍然采用朱熹广立学院的做法，四处宣扬自己的学术主张，他的自由讲学也变成了推广学院建设的文化运动。与王阳明一起从批判官方哲学入手，承担重建理论、重振纲常、重系人心大任的学术大师之中，最主要的为湛若水，他们二人的学说属于同一学派，都继承和发展了南宋陆九渊的学说，史称“心学”，是宋明理学中与程朱之学不同的另一大派系。

湛若水（1466-1560年），字元明，号甘泉，增城（今属广东）人，弘治进士。少师事陈献章，后与王守仁往来切磋，同时讲学，各立门户，在各地创建书院。反对王守仁“致良知”说，认为“天理”“皆发见于日用事物之间”，主张“随处体认天理”。反对“知先行后”说，主张“体认兼知行”“知行并进”。著作有《湛甘泉集》。

王、湛两位大师都很注重书院建设，将书院作为宣传自己学术思想的阵地。正是他们及其弟子的努力，开启了继南宋以来我国书院史上第二个书院与学术互为表里的一体发展的趋势。新理论的崛起，再一次推动了书院的复兴，最终使得明代书院的建设进入了辉煌的时期。

（二）名师高徒

明代书院的著名讲学者或是主持人除了上面已经介绍的湛若水和王守仁外，

还有胡居仁、李梦阳、马理、吕柟、何景明、王艮、邹守益、钱德洪、罗汝芳、王畿、吴国伦、李贽、汤显祖、顾宪成、邹元标、冯从吾、高攀龙、刘宗周、黄道周等等。

胡居仁（1434-1484年），字叔心，号敬斋，余干县梅港人，明朝理学家。师事崇仁硕儒吴与弼，饱读儒家经典，尤致力于程朱理学，过于其师。主张“以忠信为先，以求放心为要，操而勿失，莫大乎敬”。他致力于教育，从教二十余年，治学严谨，制定学规并亲自讲学，务求学生学以致用。先后创办了南谷、礼五、碧峰书院。江西学使李龄、钟成二人曾相继聘请胡居仁主讲于白鹿洞书院。著有《胡文敬公集》《易象抄》《居业录》及《居业录续编》等书。

李梦阳（1473—1530年），明代文学家，字献吉，号空同子，庆阳（今属甘肃）人。弘治十一年，出任户部主事，后迁郎中。倡导文学复古运动，主张文章学秦汉，古诗学汉魏，近体诗学盛唐。他是“前七子”之一，曾讲学于白鹿洞书院。著有《空同集》。

何景明（1483-1521年），字仲默，号白坡，又号大复山人，信阳（今属河南省）人。19岁中进士，授中书舍人。是明代“文坛四杰”中的重要人物，也是明代著名的“前七子”之一，与李梦阳并称文坛领袖，曾倡导明代文学改革运动。著有辞赋三十二篇，诗一千五百六十首，文章一百三十七篇，另有《大复集》三十八卷。

王艮（1483-1541年），明朝哲学家，泰州学派的创立者，字汝止，号心斋。泰州安丰场（今江苏东台）人。王艮的一生对泰州学派作出很大贡献，他的学生大多为下层群众，王艮不信“生而知之”的唯心主义天才论，而强调后天学习的重要性。由于他非经院出身，一生文词著述很少，着重口传心授，使“愚夫愚妇”明白易懂，这成了泰州学派的特色之一。王艮的著作，后人辑为《王心斋先生遗集》。

邹守益（1491-1562年），字谦之，号东廓，学者称东廓先生，江西安福人。正德六年进士，先后担任了南京吏部考功郎中、太常少卿、南京国子监祭酒等官职。曾讲学于广德的复初书院、杭州的天真书院、

衡山的石鼓书院等。著有《东廓集》。

明代曾经在书院肄业的著名人物还有周冲、刘邦采、吴承恩、吴钟峦、陈龙正、黄宗羲、王夫之等。

周冲，字道通，号静庵，宜兴人，正德举人。由万安训导历任官至唐府长史，曾师从王守仁受业于赣州，并问学于稽山书院，又曾师事湛若水。著有《养正录》《希颜日抄》等。

吴承恩，字汝忠，号射阳善人，山阳人，曾肄业于当地的龙溪书院，生平博览群书，尤喜稗官野史与民间神话传说。著有《西游记》《射阳山人存稿》《禹鼎记》等。

（三）组织与活动

明代书院的组织管理主要表现在人员管理和生徒招收方面。和元代有所不同，明代书院的主持人一般不是学官，而是由地方官员聘请或者是书院兴建者自己担任，有的书院中也曾出现过由学官兼管书院的事例。比如正德年间，经过江西巡按唐龙呈请，原兴化府教授蔡充兖曾被改任南康府儒学教授，并负责管理白鹿洞书院，后来，黄佐任南康府学训导时、管天衢任建昌县学教谕时，也都曾分别兼任白鹿洞书院教事。除了学官以外，也有身为典史、推官而负责管理书院的，如程文德被贬为信宜典史时，曾主管苍梧的岭表书院；吴国伦与李应升则都是在任南康推官时负责白鹿洞书院教事的。

在生徒招收方面，明代有一些书院招收生徒不以籍贯为限制，如稽山书院、东林书院，也有只招收本乡、本宗族、本地区生徒的书院；有择生而受的书院，也有不选择生徒的书院；有面向成人开展的书院，也有招收儿童入学的书院；另外，明代还出现了一种专供武臣子弟或者武举人入学的书院，比如肄武书院、辽左习武书院等等。明代书院对于生徒的去向问题，采取了和南宋书院类似的做法，即政府对书院生徒的去向不予过问。不过明代末期在一定程度上有所变

化，主要表现是有的书院，比如白鹭洲书院与白鹿洞书院，曾实行过这样一种办法：每逢岁考和科考时，对该院肄业童生先期另考，录取一定的名额入儒学。但是，实行这种办法的书院不多，而且就程度而言，与元朝政府对书院生徒的去向管理尚不能相提并论。

明代绝大多数书院的主要教学活动可以分为讲学式和考课式两种类型。讲学式的书院重点在学术传授上面。教材除了儒家经典之外，还有理学家的著述。讲授内容或为儒经经义，或为某派学说。比如，王守仁曾在积善书院讲述过“致良知”说；李应升曾在白鹿洞书院讲授过朱熹的学说。

这个时期，有些书院在讲会制度方面有了充分的发展。讲会（也叫会讲）制度产生于南宋，明代中叶后，伴随着湛若水、王守仁以及其门人开展的讲学活动，讲会盛行一时。明代的讲会是一种有固定会期、有组织的活动。比如王守仁去世后，其门人薛侃等所建的天真精舍，每年都要在春秋两季的第二个月举行为期一个月的讲会。明代的讲会，发展至东林书院时期形成了著名的《东林会约》，内容包括明确学习要旨，遵照朱熹《白鹿洞学规》为书院基本规约，提出要“饬四要，破二惑，崇九益，屏九损”，并且对讲会仪式做出了详细规定。《东林会约》是一个体现了程朱学派理学教育思想的讲会会约，一方面它继承了朱熹的《白鹿洞学规》，另一方面又吸取了以往的讲会经验。它的产生，一方面表明了讲会的更加制度化；另一方面也反映出讲会已发展成为书院的教学与地区性的社会学术活动紧密结合的一种组织形式。

考课制的书院实行每月会文考课制度，成为月课，考课内容服从于科举制度的需要。莲花书院、桃溪书院、马洲书院、兴贤书院都属于此类书院。

明代书院的供祀情况和元朝有所不同，不像元朝那样只重视供奉程朱派理学家，明代书院也重视供祀心学派的理学家，这和明代正德以后心学派兴盛有关。被供祀的心学派理学家，有南宋的陆九渊、

杨简，还有明朝的陈献章、湛若水、王守仁及其弟子等。

明代书院重视藏书，如陕西提学王云凤建书楼于西安府正学书院，广收书籍供生徒阅读。同时，明代书院也刻印了许多图书，比如正德十年白鹿洞书院所刻司马迁《史记》一百三十卷；嘉靖十五年，义阳书院刻何景明《大复集》二十六卷等等。

七、清代——书院的繁盛期

（一）发展概况

清代书院在官民两种力量的共同努力下，终于进入了前所未有的繁荣时期。清代共历二百六十八年，期间有书院约四千三百六十五所，是唐代以来书院总和的 1.49 倍，有三千七百五十七所是历朝官绅士民建立的，六百零八所是兴复重建的。书院遍布十八行省，在清代已经相当普及。

清代初期，清政府一方面采取高压政策，比如强制汉人剃发，建立驻防制度，大兴文字狱等以维护自身统治；另一方面则施展笼络手段，如尊奉孔子，提倡程朱理学，开科取士，兴办官学等，借以消除汉族知识分子的敌对情绪，巩固自身的统治基础。

东林书院作为自明代万历以来的讲学风标，在高世泰的主持下，在清初三十年间高扬讲学大旗，结交天下讲学之人，红遍江南。这些民间的讲学力量，不受朝代更迭的影响，坚持着传统并将其发扬，从关中到无锡，由徽州而吴越，千里呼应，显示着无形而巨大的力量，从而被统治者视为一种威胁，也决定了清初书院政策的走向。

清代书院的发展大体可分为四个阶段。

第一阶段，顺治至康熙时期为书院的恢复发展时期。对于书院这种独立于官学系统之外的教育组织形式，清廷最初采取了一种抑制发展的政策。例如顺治九年，清廷曾下令明确规定不许别创书院。到了康熙年间，伴随着清王朝统治秩序的渐趋稳定，清廷对书院的态度也明显改观。如康熙二十五年冬，曾颁赐御书“学达性天”匾额给岳麓书院与白鹿洞书院，并颁发经史著作，这说明

清廷对书院的发展政策已从抑制转向提倡、鼓励了。

第二阶段，雍正至乾隆时期为书院的大发展时期。很多书院得到修葺或重建，比如白鹿洞书院、岳麓书院等；另外，一批新的书院得到了兴建，比如洛阳的天中书院、安庆的培原书院等等。雍正十一年后，书院进入了一个新的发展阶段，雍正帝颁布谕旨，肯定书院有助于“兴贤育才”，明令各直省省会均建立书院，并赐经费。这一谕旨，不仅意味着雍正帝对书院从抑制转为提倡，而且意味着清廷开始从经济上对书院的发展给予支持。随后，书院迅速发展起来。

第三阶段，嘉庆、道光、咸丰年间，是书院的相对低潮期。这一时期，由于鸦片战争开始，新建的书院开始减少，不少原有书院也难免毁于战火，书院发展处于低潮时期。

第四阶段，同治、光绪年间，是书院的高速发展、快速变化并最终改制期。我们将在下一章重点讲述清末的书院改制。

清初的书院政策是由防患到疏引、由抑制到开放，最终目的是将书院由外在变为内在，纳入国家的整个教育体系中。雍正、乾隆时期的书院政策是构建官办书院体系。由于教学程度和学术研究水平的不同，书院形成了一种等级上的差异。就底层而言，私定的家族书院和民办的乡村书院为最底层，中间层是县立书院，最高层是州、府、道、省、联省各级书院，这构成了一个完整的书院教育体系，标志着书院已经进入了普及、成熟的发展阶段。

清代中期，书院历经嘉庆、道光、咸丰三朝，虽然其间国家遭受内忧外患，但是因受前期大发展的惯性推动，书院仍有较大规模的发展。

晚清，书院在社会的巨大期望中快速发展，民间力量成为支撑书院发展的主要力量，出现了研究型书院、专招女生的书院以及具有专科性质的书院。

（二）名师高徒

清代书院的名师有黄宗羲、陆世仪、李颙、陆陇其、颜元、龚自珍、张伯行、王先谦等。

黄宗羲（1610—1695年），浙江余姚人，字太冲，号南雷，被尊称为南雷先生，晚年自称梨洲老人，学者称梨洲先生。明末清初经学家、史学家、思想家、地理学家、天文历算学家、教育家，与顾炎武、王夫之并称“清初三大儒”；与弟黄宗炎、黄宗会号称“浙东三黄”；与顾炎武、方以智、王夫之、朱舜水并称为“清初五大师”。有“中国思想启蒙之父”之誉。由他所开创的学派被称为清代浙东学派，明亡后，他曾讲学于会稽证人书院、鄞县证人书院、余姚姚江书院等。著有《宋元学案》《明儒学案》《明夷待访录》《南雷文定》等。

李颙（1627—1705年），清末明初人，字中孚，号二曲，又号土室病夫，二曲镇二曲堡人。李颙因在理学上的造诣被称为“海内大儒”，并与黄宗羲、孙奇逢并称“清初三大儒”。著有《二曲集》《四书反身录》等。

清代书院的著名生徒中，名人数不胜数，比如戴震、钱大昕、段玉裁、万斯同、袁枚、王鸣盛、林则徐、魏源、黄兴、陈天华、梁启超、宋教仁等。

戴震（1724—1777年），清代考据学家、思想家，字东原，安徽休宁人。进士出身，曾任纂修、翰林院庶吉士之职。在哲学上，他认为物质的气是宇宙本原，阴阳、五行、道都是物质性的气。他还提出“光照说”。著有《戴震文集》《戴震集》等。曾主讲于浙东金华书院。

钱大昕（1728—1804年），江苏嘉定（今上海嘉定）人，清代史学家、汉学家，字晓徵，一字及之，号辛楣，又号竹汀，晚号潜研老人。参与编修《热河志》，与纪昀并称“南钱北纪”。归田三十年，潜心著述课徒，历主钟山、娄东、紫阳书院讲席，出其门下之士多至两千人。

林则徐（1785—1850年），福建省侯官（今福州市闽侯县）人，字元抚，又字少穆、石麟，晚号俟村老人、俟村退叟、七十二峰退叟、瓶泉居士、栎社散人等，是中国清朝后期政治家、思想家和诗人。因其主张严禁鸦片、抵抗西方侵略、坚持维护中国主权和民族利益而深受世人敬仰。

（三）组织与活动

雍正十一年以后的清代书院是中国书院历史上书院制度官学化最为严重的时期，这体现在书院的组织管理、教学内容、经费收入等各个方面。

在人员管理方面，清代书院的主持人被称为“山长”“院长”“掌院”“掌教”“主讲”等，雍正以后，书院的主持人一般为当地官员所延聘，同时，政府对书院主持人的控制也大为强化。除了主持人，清代书院比较常见的主要管理人员为监院、学长与斋长，比较常见的职事有书办、门夫、伙夫等。

生徒招收方面，清代有不少以籍贯为限制的书院以及不少择生的书院，乾隆以后的书院主要分为省立、府立、州县立三种，顾名思义分别招收本省、本府、本州县的生徒。与此同时，清廷一再颁布谕旨，要求各省督抚饬令地方官员对书院的生徒必须严加甄别方能录取。这也表明，政府对书院的控制加强了。

清代科举制度盛行，课试“以八股为主”，所以八股文成为书院的主要教学内容。在这些书院中，主要的活动是进行考课，宋代书院已经有了考课，但是到了清代，书院的考课才真正形成一整套制度，并普遍地推行开来。考课分为官课与师课两种，官课由地方官命题，内容主要为八股文、试贴诗等。书院一般每月都进行考课，叫做月课，通过考试决定生徒的升降。

除了上述书院，清代也出现了一些注重学术或学问传授的书院。比如注重传习理学的书院，如东林书院、关中书

院、嵩阳书院等，这些书院大都以传习程朱理学为主，或是传授王守仁的心学；也有注重学习经史词章之学的书院，比如阮元所建的杭州诂经精舍与广州学海堂；更有注重讲求中西实学的书院，比如最先兴办并在光绪年间建成的上海格致书院等等。

伴随着乾嘉汉学的兴起，清代一些传习经史词章之学的书院开始重视供祀汉儒，比如杭州诂经精舍祀许慎、郑玄；广州学海堂祀郑玄，另有许多书院供祀文昌帝君、魁星等。清代是中国书院史上供祀人物最多的时期。

清代书院的藏书、刻书活动也较为兴盛，藏书事业较前代有了较大发展，出现了许多藏书众多的书院。比如广州广雅书院藏书五万三千余册、苏州学古堂藏书八万余卷、太平仙源书院藏书七万余卷、惠州丰湖书院藏书五万三千余卷等等。鸦片战争后，一些书院还很注意收藏有关西方政治、经济、外交、历史、地理等方面的书，比如大梁书院所藏西学书籍千卷以上。这些藏书有的源于朝廷颁赐；有的来自官府拨款；也有私人捐赠、书院自己购买或自己刻印等。这一时期书院在图书的购买、收藏、借阅、维护方面，已经形成了一整套科学并且成熟完善的制度。

另外，清代也是我国刻书事业的鼎盛时期，在中国书院历史上，这一时期的书院刻书之丰是首屈一指的。书院所刻书范围很广，有前代旧作，也有本朝新作；有山长作品，也有生徒作品。门类丰富，数量众多。

八、清末——书院的终结

（一）书院改制原因

清代同治、光绪年间，书院新增了一千零三十七所，这是一千三百多年的书院发展历史上从未有过的发展速度。同时，书院努力适应社会日益变化的科学教育观念，引入了西学、科学等教学内容，开始了书院由古代向近代的变革。

清代是中国书院史上书院分布最为广泛的时期，同时也是书院的积弊日益显露，日益阻碍书院继续发展的时期。清代的书院官学化十分严重，这成为造成书院弊端的主要原因。这些弊端主要表现在以下方面：

一是很多书院的主持人不称职。虽然有很多具有真才实学的文人学者曾经在书院担任过主持人，但是这和清代二百六十多年时间内任职于书院的山长相比，只是占了一小部分。清政府明文规定，延聘书院的主持人必须经过地方官员的严格选定，但是许多地方官员正是利用了这一点，随意滥用私人，谋求私利，不问其学问品行。这严重影响了书院的办学、教学、管理质量，并滋生了不良的风气。乾隆年间，已有书院山长“多系上官同僚互相推荐，遂致徇情延请，有名无实”的现象。嘉庆、道光以后，这种现象愈演愈烈，许多书院都被地方官员据为已有，他们所聘请的山长，或者是朝中官员推荐，或者是上级官吏授意，或者是自己的亲友。真正具有才干的人，根本得不到重用的机会，而通过这种不正当途径选聘上来的山长，不能担负起发展书院的责任，其对书院发展的危害性可想而知。

二是大多数书院生徒专究制艺，没有真才实学。清朝政府规定书院课试以八股文为主，所以清代许多书院的主要教学内容为八股文，这就逐渐导致书院

生徒以功名利禄为唯一指规，只知道死学八股，把精力浪费在了无用之学上面。同时，由于清朝政府向书院提供经费支持，所以也有不少书院生徒前来仅仅是为了谋求膏火银或是加奖银，导致了他们将注意力都放在了争夺钱财上面。为了竞争课试的排名，不惜舞弊作伪，互相攻击，完全忽视了书院的教学立人，使得书院很难发挥培养、教育人才的作用。

到了光绪年间，上述情形愈演愈烈，书院的积弊已经使得书院无法再继续发展下去，从而迫使书院不得不进行改制。

另外，除了上述原因，书院改制也有深刻的社会背景。鸦片战争之后，中国遭受列强侵略，使得民族危机、社会危机一度加深，一些有识之士纷纷意识到，应该将眼光放远，学习西方先进的科技，培养出新型的通晓西学的人才。而当时书院以八股文为主的教学内容，根本无法满足社会、教育提出的这一要求，也就是说，书院作为原有的封建社会上层建筑的组成部分，无法适应鸦片战争之后中国社会已经逐渐变更的社会经济基础了，所以，从这个意义上来说，书院的改制不可避免。

（二）书院改制始末

甲午战争中清政府的失败为书院改制提供了契机，这次战争以后，帝国主义列强更加肆无忌惮地侵略瓜分中国，这种形式之下，书院教育同社会需要不相适应的矛盾更加凸现。而伴随着后来康有为、梁启超等人发动的历史上有名的戊戌变法，书院改制也自然成为变法的重要议题之一。

早在同治、光绪之际就创建了许多新型书院。“新”主要指在书院的研究与教学内容之中出现了前所未有的西学成分，按照创建者身份来分，有国内有识之士办的，也有外国人办的，还有少数是中外合办的，比如上海格致书院。创办书院的外国人主要是传教士，他们创建了百余所教会书院。这些教会书院的教学形式和内容，对正处于改革中的中

国书院具有一定的引领和启发作用；中国人办的书院以经世致用、通经致用为宗旨，在旧的传统中注入具有时代特色的内容，兼课中西实学。比如陕西的泾阳崇实书院、浙江杭州的求是书院，前者的教学内容有中学、外国政治、法律、军事、历史、地理、语言文字、科学、技术等，后者则延聘一位西人为正教习，教授各种西学，并且令生徒每日浏览中外报纸。甲午中日战争之后，西学成分日益增多，尽管提倡“中学为体，西学为用”，但经史两门传统学科的地位在书院中日益被西学所取代，这是书院进化的大趋势。

光绪二十一年，顺天府尹胡炳莱上折，率先提出改书院为学堂的提议。第二年，刑部侍郎李瑞菜也上折提出“可下令让每省每县各改一所书院为学堂”。另外，山西巡抚胡聘之、学政钱骏祥在光绪二十二年上折提出可以另设学堂以“交资互益”，研习经义、史事、时务与算学，对天文、农务、兵事等一切有用之学也应分门类进行教授和研讨。除了这两种主张，还有受到上海格致书院影响，主张建立兼课中西史学的新式书院试图创办一种“不必限定中学西学，但期有裨实用”的格致实学书院。

清政府考虑了这些主张，并于光绪二十二年命令各省督抚学政“参酌采取”，在此之后的一年多时间里，各地做法虽然不一，但是大致可分为传统书院的改革和新型书院的建立两个层次。传统书院的改革分两项：一是改无用的科举之学为经世致用的科学、西学，这是从书院教学内容上进行变革，比如令德书院、两湖书院、经心书院等，后两所书院是由湖广总督张之洞亲自改订课程，分设经学、史学、地舆学、算学四门，生徒必须全部学习且精通，经心书院也设立了外政、天文、格致、制造四门，要求和前者相同，两所书院都奉行了“中学为体，西学为用”的办学宗旨；二是重新订立规章，削减限制官府权力的入侵，引进士绅等民间力量加入管理队伍，从制度上保证了聘任的山长是有真才实学的人才。

戊戌变法开始后，光绪帝主张改革书院，这次改革只维持了数日便被慈禧

太后下旨撤销，这对于改革中的书院有所打击。但是两年以后，随着《辛丑条约》的签订，中国的内忧外患更加严重，为了缓和人民的反抗情绪，清政府再次下令实行新政，其中内容之一便是改学院为书堂。

但是科举制度一日不废除，传授八股文的传统书院对于一些追求功名的士子就尚存有吸引力。在光绪三十一年八月四日，清廷为形势所迫，终于下令废除了延续千年的科举制度，这才加速了书院改学堂的步伐，全国范围内的书院陆续改为学堂或是被废弃。

至此，从唐代以来，我国千年的书院制度就此告终。但是书院育人、立人的宗旨并未停止，而是跨入了近代、现代，延续了中国文化教育发展的血脉，并在改制中获得了新生。

古代书院作为书籍和知识的流通场所，对中华文明的发展起着重要的促进作用。

第一，书院促进了中国学术思想史的发展。宋、元、明、清每个时期的学术思想都发生过演变，而书院的发展对学术思想的演变起到了不可忽视的作用。可以说，没有书院的发展，无论是宋代理学的风行、明代心学的大盛还是清代汉学的繁荣都是无法想象和发生的。另外，许多重要的学术思想流派，如宋代的程朱学派、湖湘学派、金华学派、象山学派，明代的甘泉学派、阳明学派、东林学派，清代的乾嘉学派，都是以书院作为主要基地而形成或发展起来的。

第二，书院促进了中国文学史的发展。除了一些思想家、学者在书院从事讲学活动之外，一些著名的文学家也活跃于书院的讲坛，因此书院也是他们的文学思想得以传播的主要渠道之一。比如清代桐城派三祖之一的姚鼐，在书院讲学数十载，其弟子方东树、姚椿、姚莹、梅曾亮等，其再传弟子吕璜、方宗诚等也曾在书院讲学。他们从事的书院讲学活动是桐城派之所以能够成为清代最大的文学流派的一个重要因素。

第三，书院促进了中国图书事业的发展。书院一般都具有藏书的功能，因

此一大批典籍便通过书院得以保存和流传后世，同时，在收藏过程中逐渐形成了一套严密、科学的图书收藏与维护制度，丰富了我国的图书管理经验。宋代以后，书院具有了刻书的功能，也为繁荣我国的图书事业作出了贡献。

第四，书院促进了中国教育史的发展。我国各个历史时期的书院，都是当时当地的教育中心，对所在区域的文化教育事业的发展起到了重要的推进作用。另外，书院作为一种特殊的教育组织形式，在教学与组织管理方面积累了许多宝贵的经验，形成了不少与官学迥然不同的特点。比如把教学工作与学术研究相结合，注重对学生自学能力的培养等等，这些理论不仅成为我国教育的宝贵遗产，更为今天的教育改革提供了颇为有益的借鉴。

第五，书院在促进中国史学史发展以及近代社会演化等方面也曾起过一定作用。中国的书院文化还曾传播到海外，对中外文化交流起到了一定的促进作用。更为重要的是，中国历代书院培养了一大批学者、思想家等历史名人，他们在中国古代的各个领域中都作出了重要贡献，对中国古代的繁荣以及中国古代文明文化的发展都起到了重要作用。

总而言之，书院在中华文明史上有着独特、重要、不可取代的历史地位，以上的章节中，我们按照书院发展的时间顺序为读者讲述了一部中国古代书院的发展史。

东林书院

东林书院是我国古代著名书院之一。创建于北宋政和元年(1111年)，是当时知名学者杨时长期讲学的地方。明朝万历三十二年(1604年)，由东林学者顾宪成等人重兴修复并在此聚众讲学，他们倡导“读书、讲学、爱国”的精神，得到全国学者普遍响应，一时声名大著。有“天下言书院者，首东林”之赞誉。东林书院成为江南地区人文荟萃之地和议论国事的主要舆论中心。

一、东林书院的创建与发展

（一）东林书院的创建

东林书院是我国古代著名书院之一，它创建于北宋政和元年（1111 年）。东林书院的创建者是当时理学名家杨时（1053—1135 年）。杨时字中立，号龟山，曾受学于理学大家程颐。杨时在此讲学达十八年之久，东林书院也称“龟山书院”。

杨时创建东林书院是为了讲学，既可以学到理学的真谛，又可以讲解自己的学术思想和主张。由于他曾经做过一些地方官的职务，又有经邦济世的体验，既为学又为官，因此讲学深透，真正达到了传道、授业、解惑的目的，特别受到弟子的欢迎。后来听讲的人越来越多，于是他就创建了东林书院。

关于“东林”的由来，有两种说法。一种说法是“东林”为无锡城东一处地名，书院因地而得名。但至今查无证据，并且于史无证，不足为凭。另一种说法是与杨时对江西庐山东林寺情有独钟有直接的关系。东林寺在江西庐山西麓，位于原西林寺以东，故称东林寺。杨时先生非常喜爱庐山之胜，并在东林寺作《东林道上闲步》诗一首：

寂寞莲塘七百秋，溪云庭月两悠悠。

我来欲问林间道，万叠松声自唱酬。

东林书院也因杨时的《东林道上闲步》而得名。明代东林书院修复后，每年的讲会中歌颂仪式的时候，就以第一首诗词的内容作为众人齐声歌唱的歌词，实际上此诗是明代东林书院讲学的“院歌”。可见这首诗对东林书院影响非常大。

（二）东林书院的发展历程

东林书院在其发展历程中曾留下了宝贵的知识财富，丰富了中国传统文化宝库。顾宪成撰写的“风声雨声读书声声声入耳，家事国事天下事事事关心”可谓是家喻户晓的千古名联，曾激励过我国千百万的知识分子，对中国传统文化思想发展有极大的促进作用。说到东林书院就有“天下言书院者，首东林”之赞誉。可以看出，东林书院是江南地区人文荟萃之地和议论国事的主要舆论中心，也是宋代理学南传的重要阵地和江南地区学术活动中心。东林书院在发展的过程中，因有诸多学者参与曾名扬天下，也因东林党人在朝廷与他党斗争，曾几度被毁。由于东林党人的不懈努力和朝廷一些势力的支持被修复。

杨时在东林书院讲学达十八年之久，书院成为理学思想传播上一座重要的桥梁，而杨时正是这座桥梁的建造者。杨时在河南学成南归故里将乐（今福建将乐）时，程颢对他这位优秀的学生说过一句夸赞的话：“吾道南矣!”意思是说他所创立的理学将要被杨时传到我国南方了。

杨时走后四百余年，东林书院被荒废，在寂寞中度过了漫长的岁月。直到明代万历三十二年（1604 年），经过顾宪成和吴地学者的共同努力，官府终于批准在无锡城东门内的东林书院遗址重新修复东林书院。重建工程开始于当年 4 月 11 日，到 9 月 9 日竣工。顾宪成亲自为书院讲会审订宗旨和具体会约仪式。同年 10 月，“东林八君子”即顾宪成、顾允成、高攀龙、安希范、刘元珍、钱一本、薛敷教、叶茂才在此聚众讲学，他们倡导“读书、讲学、爱国”的精神，得到全国学者的普遍响应，在国内非常著名。早年顾宪成撰写的“风声雨声读书声声声入耳，家事国事天下事事事关心”这副名联表现出了东林学者一种阔大的胸襟和浩然的气魄，对“风雨”“家国”的“入耳”和“关心”。顾宪成本人可能也没想到这副名联竟然成了千百年来像他一样的中国书生群体人格精神的怆然象征。而这副名联也道出了东林书院讲学活动中指陈时弊、谈论国事的鲜明政治色

彩。所以，东林学者遭到了当朝权贵们的忌恨，他们把与东林讲学活动有联系的人统统视为异端，加以打击迫害。

天启四年（1624 年），东林党人决心与阉党公开较量。左副都御史杨涟首先发难，他列数阉党魏忠贤二十四条大罪，讨伐魏忠贤并要求铲除阉党。但阴险毒辣的魏忠贤并没有被击倒，他利用手中权力，马上部署对策，开始对东林党人血腥镇压。阉党先是用尽一切手段，迫使元老大臣叶向高引退；接着又抛出一批黑名单，通辑、逮捕一大批东林党人，阉党还下令，把天下书院全部拆毁，讲会全部废除。东林书院也未能逃过这次劫难。天启五年（1625 年）八月，阉党派人来毁书院，因高攀龙的维护，仅拆除了依庸堂。但讲会却遭到禁止，书院成了荒芜的废院。

天启六年（1626 年）二月，阉党再兴冤狱，派缇骑逮捕周起元、高攀龙、周顺昌等七人。高攀龙闻讯后，于三月十六日晚留下遗书，换上朝服，从容自沉。同年五月，东林书院再次被毁。

天启七年（1627 年）八月，崇祯登基，他长期身受阉党冷落，所以将魏忠贤罢斥。崇祯初年，钦定阉党逆案，总计处理的阉党达四百六十余人。东林党人则予以平反，对被害惨死的给予特别礼遇，顾宪成、高攀龙、杨涟、周顺昌、邹元标等去世诸臣均加赠官爵。遭到削夺的一批东林官员重新起用，安排到政府的各衙门。

崇祯年间（1628—1644 年），无锡吴桂森捐银重建东林书院丽泽堂。清顺治十二年（1655 年），高攀龙侄子高世泰又重建燕居堂、再得草庐、三公祠等。康熙八年（1669 年），高世泰又修道南祠。后来经过康熙、雍正年间的几次修复及乾隆年间的全面整修，东林书院开始恢复原貌。雍正末年（1735 年），东林书院由学者讲会的书院改为地方学官督察的课士式书院。光绪二十八年（1902 年），书院改成高等小学堂，施行新学。

1946 年 10 月，无锡士绅又发起重修东林书院，次年建成，并开办东林小学，一直办到现在。十年动乱期间，东林书院中部分文物被毁。1981 年 10 月，无锡市政府拨款全面整修，到 1982 年 10 月竣工。现在东林书院的主要建筑，基本上保持了明清时代古朴庄重的规制格式。

二、东林书院的风貌

（一）东林书院旧址

东林书院旧址在无锡市东门苏家弄内，为明代东林党人讲学和议论朝政活动的中心。原书院规模较大，书院前有“东林书院旧址”石牌坊一座，现存建筑有东林精舍、道南祠、东林报功祠、丽泽堂、依庸堂、燕居庙、时雨斋、康熙碑亭等。书院保存的明清二十块碑刻，嵌置于堂内的两壁上。

现在的东林书院遗迹是按照清代雍正时期旧制重建的。清代光绪二十八年（1902年），东林学院改为“东林学堂”。1947年，无锡地方各界人士捐资对东林书院所存建筑进行了全面修复。其中翻造门庭三间，修理晚翠山房、依庸堂、再得草庐、时雨斋、南国杏坛、道南祠、三公祠及全院瓦屋等。1982年，无锡市人民政府对其主体建筑等又作了修复。现存有石牌坊、仪门、丽泽堂、依庸堂、碑亭、道南祠等。一副名联：“风声雨声读书声声声入耳，家事国事天下事事事关心”悬挂在书院的依庸堂里。1994年再次修缮。现在展现在人们面前的书院旧址基本完好，所存的石牌坊、泮池、东林精舍、丽泽堂、依庸堂、燕居庙、三公祠、东西长廊、来复斋、道南祠、东林报功祠等主要建筑，均保持明清时期布局形制与历史风貌。

（二）东林书院建筑格局及内含

明代东林书院建筑布局采用左庙右学的形制，左边建有祭祀建筑，如南道祠等，右边为讲学建筑，另外还有藏书及生活用房等。整座书院石坊高耸、松柏苍翠、环境幽寂，是讲学的理想场所。穿过书院石坊，过小桥，入仪门，沿着笔直的甬道可依次游览丽泽堂、来复斋等小巧雅致的书院建筑。为此，2002

年，无锡市政府决定全面修复东林书院工程，保护文化遗产，经过重大整修后的书院于 2003 年 2 月以崭新的面貌迎接着四方游客。虽然看起来现代新建的建筑占了比较大的比例，但建筑人员十分耐心地参考了历史文献上的记载来进行修复，力求原汁原味。修复后的东林书院建筑面积达八千平方米，是原来的四倍。书院整体建筑布局采用中国传统的中轴线对称、纵深多进的院落形式，同时兼顾书院的讲学、祭祀、藏书三大功能，分区明确、排列有序，这些主要建筑均显现出明清时期的布局形制与鼎盛时期的风貌特色。书院中轴线以书院正门、石牌坊、东林精舍、丽泽堂、依庸堂、燕居庙、三公祠等讲学建筑为主。东林书院的标志性建筑和象征就是石牌坊，又称马头牌坊。它位于书院中轴线的导入部位，起到了烘托整个建筑的作用，使书院其他建筑显得庄重而古朴。天启六年（1626 年）阉党毁禁书院时，石坊同时被毁。明代原石坊上题“观海来游”“洛闵中枢”等字样。清康熙年间改建木坊，乾隆五年（1740 年）恢复石坊，坊额上改题“东林旧址”和“后学津梁”字样。此坊为四柱三间五楼石坊，至今有两百多年的历史，石坊上雕饰有二龙戏珠、丹凤朝阳、猴子滚绣球、鲤鱼跳龙门等精美图案，通体设计合理，结构严谨，是一件完美的石构建筑珍品。

在东林精舍的外面游廊下，还挂着一些木刻版画，大致有“书院创建”“明代复兴”“东林气节”等几个主题。尤其令人触目惊心的是另外两个，一个是“东林党人榜”，上面刻有顾宪成，顾允成、高攀龙、杨涟、左光斗、熊廷弼、孙承宗等三百零九人的名字，下面是一行小字：“以上诸上，生者削籍，死者追夺，已经削夺者禁锢。”更加令人不寒而栗。还有一个是“东林朋党录”，上面是赵南星、钱谦益等九十四个人的名字，几乎每一个名字后面都有“已处”或者“降级”“回籍”等附加说明。透过这些名字，斑斑血泪犹在眼前。

穿过东林精舍，便是丽泽堂。丽泽的意思就是借喻朋友之间相互切磋讲学。丽泽堂的名字是顾宪成亲自拟取，旨在希望以文会友，以友辅仁。顾宪成指出，“学问须大家商量，须用大家帮扶方可得手”，并要求学人：并胆同

心，细细参求，细细理会，未知的要与剖明，已知的要与印证，未能的要与体验，已能的要与保持。始终强调实学、实用、实益的务实学风。这样的教育理念和教育方法，即使到了今天，也仍然有资借鉴的积极意义。丽泽堂的内在布置陈设，和东林精舍大致相似，左边墙上的一副对联很值得一记：“为道为法为则守先待后，不淫不移不屈知命达天。”这既是治学之法，也是处世之道。

东林书院在当时不但成为全国政治目光的焦点，同时也成为东林党人心目中的圣地，士子们一时竞以“躬登丽泽之堂，入依庸之室”为荣。

丽泽堂的后面是依庸堂。依庸堂是书院的主体建筑，就是那副传世名联所挂之处，也是东林学派学术领地的象征，被一代学人尊为“南国杏坛”，所谓“脚迹得入依庸堂，人生一大幸事”。堂内保存有明代《依庸堂记》碑刻原石。

“依庸”就是依乎《中庸》的意思。“庸义有二：庸者，恒也，有久而不衰之意；又，平也，有适中之意。强调并发挥儒学经典中《中庸》的思想宗旨。”

我们一般知道依庸堂的名字，大概和一副对联有极大的关系，或许知道这副对联的人更多。这副对联不仅有诗意更有深意，它就是“风声雨声读书声声声入耳，家事国事天下事事事关心”。张贴在大堂正中，其实体现的还是读书“齐家治国平天下”的儒家思想和雄心壮志。

左边的墙上有一首诗，是程颢的《秋日偶成》：“闲来无事不从容，睡觉东窗日已红。万物静观皆自得，四时佳兴与人同。道通天地有形外，思入风云变态中。富贵不淫贫贱乐，男儿到此是豪雄。”还有一首，是杨时在江西庐山写的《东林道上闲步》：“寂寞莲塘七百秋，溪云庭月两悠悠。我来欲问林间道，万叠松声自唱酬。”东林书院的开山祖师杨时是成语故事“程门立雪”的主人公，因为他是洛学宗师程颐、程颢兄弟的学生，又是闽学宗师朱熹的老师，因此有人说他是“洛闽中枢”。

依庸堂的后面是燕居庙，供奉的是孔子，和各地大同小异。依庸堂的右手

边隔壁，是再得草庐。出再得草庐，就是一片空阔的草地，草地临水，河如弯弓，叫做弓河。河边一个小亭，名叫远经亭，大概是供师生讲学读书之余怡情养性休憩之用的，也算劳逸结合吧。

顺着河走，又是一座亭台，叫做“正心亭”，不仅名字非同寻常，“乾坤浩荡今还古，日月光华西复东”。门柱两边的这副对联境界也不低。里面的牌子更加有气魄。“一榜九进士”“六科三解元”“状元”“榜眼”“探花”“传胪”“会元”“解元”等等都有名有姓有时有日，就好比如今一些学校的办学成果展览或者陈列室，成绩斐然。

正心亭的旁边，是道南祠。相传，程颢为弟子杨时送行，杨时南归，程颢望着他的背影对众弟子说：“吾道南矣。”意思是他的道学从此可以传到南方了。因此人们把纪念杨时的祠堂叫做道南祠。道南祠外，两棵不知名的古树枝干盘旋斜出，不知历经几多岁月。祠堂后面一棵柏树高约数丈，已经历了两百余年的风雨。虽然干瘦枝疏，但仍苍郁深沉。

东林书院虽然没有雄伟的建筑，但朴实的设计和优雅的环境正是讲学交流的好地方。书院的每个角落都散发出浓浓的学术氛围，仿佛吸引着来自四面八方的学者们。可以说，东林书院就是当时当之无愧的文化学术中心。

三、东林书院的讲会制度

与私人书院兴起初期不同，东林书院创建于明中后期，此时书院讲会已相当成熟。尽管之前明末经历过三次毁灭书院的活动，但作为明代的重要文化学术中心，东林书院形成了一套完备的讲会制度。书院讲会活动产生于南宋，至明代逐渐制度化、规范化。东林的首次大会会期为万历三十二年（1604 年）十月初九日始至十一日，“上自京口，下至浙江以西，同志毕集，相与讲德、论学，雍容一堂……远近绅士及邑之父老子弟或更端而请，或环聚而观，一时相传为吴中自古以来未有之盛”（顾枢：《顾端文公年谱》卷下）。东林书院的讲会是明代书院讲会制度的突出代表，集中反映在《东林会约》的“会约仪式”中。现将《东林书院志》的记载摘要如下：

每年一大会，或春或秋，临期酌定，先半月遣贴启知。每月一小会，除正月、六月、七月、十二月祁寒盛暑不举办，二月、八月以仲丁之日为始，四月以十四日为始，会各三日，愿赴者至，不必遍启。

……

大会每年推一人为主，小会每月推一人为主，周而复始。

……

每会推一人为主，说《四书》一章。此外有问则问，有商量则商量。凡在会中，各虚怀以听，即有所见，须俟两下讲论已。

……

各郡各县同志临会，午饭四位一桌，二荤二素；晚饭荤素共六色，酒数行。第三日之晚，每桌加果四色，汤点一道，攒盒一具，亦四位一桌，酒不拘，意惬而止。

同志会集，宜省繁文，以求实益。故揖止班揖，会散亦不交拜。惟主会者遇远客至，即以一公帖迎谒。客至会所，以止共受一帖。其同会中有从未相识，欲拜者，止于会所各以单帖通名，庶不至疲敝精神，反生厌苦；其有必不可已者，俟会毕行之。

从东林书院的会约仪式可以看出，书院的讲学活动较多，内容丰富。讲会活动定期举行，每年一大会，每月一小会，每隔三日，便推选一人为主持；讲会之日，必举行隆重的仪式；讲学内容主要为“四书”，讲授时，与会者“各虚怀以听”，讲授结束，相互讨论，会间还相互歌诗倡和。此外，关于讲会组织的其他一些方面，如通知、稽察、茶点、午餐等，也都作了具体规定。所有这一切都清楚地表明，东林书院的讲会已经制度化了，这是它的一个重要特点。

书院讲学活动深得人心，一旦禁令稍有放松，书院得以修复，应和者一呼百应。万历二十七年（1599 年）时，仅顾宪成所知的邻近地区，辟坛讲学之人已为数不少。“是时乡郡诸君子以讲学为事者，宜兴安节吴公达可、武进启新钱公一本，暨薛公玄台辈数人，于其一也，名孔兼，金坛人”。加之顾、高二人在创建书院之前，已多次自行组织或参与友人组织的讲会，与各地学人颇为熟识，声名已起。可以说，东林书院作为明代最后一次书院讲学高潮的领军势力，它的修复就是兴盛的开始。

东林讲学是在特定历史条件下进行的，是适应时代、社会和学者们的共同需要兴盛起来的。讲学活动除严寒酷暑外，都定期会讲。这就将原来士绅的分散游学形式变成了集中固定的、有组织的讲学活动。而且书院不分尊卑、不限地区、不论长少、不收学费，只要愿意，均可参加，还提供方便的食宿。讲授形式十分灵活，有时采用演讲方式，讲了一段时间后，就插入朗诵一段诗词以活跃气氛、开发性灵，主讲者还随时回答提问。有时采用集体讨论方式，沟通思想、交流心得。

东林书院中学人之间言谈的主体实是学术。以书院领袖为例，高攀龙在为顾宪成所作的传记中评价道：“先生辟东林雅舍，偕同志讲明性善之旨，以濂溪无欲为宗，表里始终然不滓。”（《东林书院志》卷二十二）这段话可以说总结了顾宪成在书院中以从事学术为主旨的实践活动，人们纷至沓来，为的就是纯粹求学得道。方学渐便是如此，万历三十九年（1611 年），他以 72 岁高龄放舟东下抵达东林书院，“务寻学脉之所在”（方学渐：《东游记》卷首）。此类实例不胜枚举。不管是就提高个人修养而言，还是就扩大群体影响力而论，东

林书院的学术讲会是颇有成效的。此外，东林书院讲学的效果还表现为曾与讲席者在从政后的不忘讲习及为政善绩。如华允谋任宝应县教谕时，“日与二三同志研求性命之学，心诚口苦，闻者悚然。”周怀鲁“与顾宪成、高攀龙为石交。每事咨询，以是，善政满江左”。有人还归纳道：“自天启以迄，崇祯之末，其间忠节之士接踵而出，不可谓非讲学之力也。”（陈鼎：《东林列传》卷二十四）但这些只是东林讲学的间接效应，并不能由此加以推导，进而质疑书院讲学的学术性。不少因步入政途而为人所知者，在书院求学时是纯然论学的。如：沈云祚，字子凌，太仓人。幼颖悟绝伦，弱冠即同其父谒高攀龙于东林，求程朱正学，得主静、主敬之理而归。辄以圣贤自励。许文歧，字我西，仁和人。幼聪颖，敏文章。弱冠偕其伯父赴东林会讲，即有省曰：“读书以利禄为者，非夫也。当向圣贤路上行乃可。”（陈鼎：《东林列传》卷十）就算是正在为官之人，于政闲暇至东林书院参与讲席也不言政，而是多于学问上有所得。以弹劾魏忠贤而闻名的杨涟在为常熟县令时，正值东林书院兴盛时期，他每次讲会必至无锡，所做的不过是“与顾宪成、高攀龙诸君子探性理之要，询洽道之原”。周怀鲁则是趁巡抚江南时，抽空到东林“率诸士大夫讲正心修身之学，明程朱之正”（陈鼎：《东林列传》卷三）。尽管这种日渐学术化的趋势没能挽救书院被拆毁的命运，却使书院的学术影响更为深远。

东林讲学博采诸家合理之言，扬长避短、不执门户之见，讲学内容也较为广泛、丰富、适用，主要以儒家经史著述为主，但也兼及并包括一些必要适用的自然科学知识和具体实际的应用与管理方面的知识，评论政事得失，还把理论与实践结合在一起，要求学生身体力行。

四、东林书院著名学者

明代后期，东林书院名声极大，一度成为左右全国舆论的中心。这时，顾宪成、顾允成、高攀龙、安希范等一批有真才实学的士官，先后被罢官回乡。东林书院的那幅著名对联就表达了顾宪成为学治世的积极态度。当时，无锡的顾宪成、高攀龙、顾允成、安希范、刘元珍、叶茂才和武进的钱一本、薛敷教，人称“东林八君子”。

顾宪成、高攀龙是明代东林书院的两个灵魂人物。顾宪成（1550—1621年），字叔时，别号泾阳，亦称东林先生；高攀龙（1562—1626年）字云从，存之，别号景逸，亦称景逸先生。两人被并称“高顾”，为东林党领袖。1604年，吏部文选司郎中顾宪成罢官回到家乡，修复了杨时讲学的书院，称为东林书院。顾宪成与顾允成及高攀龙等一批志同道合的朋友在书院讲学，称为“东林八君子”，每次讲学，听讲的有数百人。东林人士讽议朝政、评论官吏，为匡正时弊、革新政治而进行不屈的斗争，成为一个有影响的进步的政治集团。那副有名的对联把他们勤奋学习、钻研学问与关心政治、热爱国家之情紧密结合起来，广为传诵，成为许多心怀远大抱负的学者志士的共同心声。

薛敷教（1554—1612年），字以身，武进人，祖应旗，与顾氏兄弟早年善，中进士，与高攀龙同出赵南星门，益以名教自任。任国子助教时，力争国事并救赵南星而被谪，遂不复出。薛氏出身严苦，垢衣粝食，终身未尝受人馈；家居二十年，力持清议；当地大吏有举动，多用薛敷教言而止；身后有声誉。安希范（1564—1621），字小范，无锡人，早年从顾宪成学，中进士，因赵用贤事上疏争，因而落职，从此三十年家居，安心讲学，谢绝朝问，不求复职。

刘元珍（1571—1621年），字伯先，无锡人，在“东林八君子”中，年辈较晚，进士出身。1605年，因建言遭罢归，加入东林书院，以讲学为事。他表节义，恤鳏寡，行义重于时，在1614年写出《东林书院志》首稿，由后人续成全书。

钱一本（1544—1615年），字国瑞，武进人，进士出身，争“国本”之言戆直，万历帝以造言诬君、摇乱大典的罪名，斥为民。从此，一本潜心精研经学，与顾宪成等分主东林讲席，学者称其为“启新先生”，有陈仁锡等俊才从之游。

叶茂才（1558—1629年），字参之，无锡人。进士出身，万历年间，同邑顾宪成、允成、安希范、刘元珍及高攀龙等，皆因建言去职，声震一时。茂才仅以“醇德”称，及叶氏官至南京太仆少卿时，清流尽斥，邪议益棼，遂奋身与抗，直至被罢斥，人由是服其勇。有称其:“生平学问，躬行实践，信心为已，感民彝，痛国是，是是非非，如风樯炫矢，触而必发，岂有意与党人争胜负哉。”（钱谦益《初学集》）

自顾宪成推荐李三才失败后，东林学人被恣肆污蔑中伤，东林同人（含东林学人与朝野“清流”），也把这些攻击者归之为浙、宣、昆诸党。双方言辞激烈，朝廷争论形同水火。万历后期，反东林的党人占据上风，他们“悉踞言路，凡他曹有言，必合力逐之。（叶）茂才既去，党人益专，无复操异议者”(张廷玉《明史》)。

下面着重介绍一下在东林书院的发展以及对后世影响较大的几位东林人物。

（一）杨时——东林书院的创建者

1. 杨时生平

杨时（1053—1135年）是我国著名的理学家。北宋仁宗皇祐五年（1053年）生于南剑西镛州（今福建将乐）龙池团，原字行可，后改为中立，号龟山，被尊称为龟山先生。他历任州一级的司法、防御推官、教授、通判等职，还担任过知县、秘书郎、著作郎、径筵、左谏议大夫、工部侍郎、龙图阁直学士等。

杨时在北宋熙宁九年（1076年）中进士，次年被授予汀州司户参军。他以病为由没有赴任，专心研究理学，期间著作有《列子解》。元丰四年（1081

年），杨时被授予徐州司法。杨时执法公正严明，“公烛理精深，晓习律令，有疑狱众所不决者，皆立断。与郡将议事，守正不倾”（胡安国《龟山先生墓志铭》）。元祐五年，杨时又因父亲杨殖去世，回乡守制。杨时少年时，聪颖好学，善诗文，人称“神童”。29 岁那年前往河南颍昌，他专门投于洛阳著名学者程颢门下，研习理学，勤奋好问，学习成绩优异，与游酢、伊熔、谢良佐成为程门四大弟子。杨时学成回归时，程颢目送他远去，曾感慨地说：“吾道南矣!”程颢去世后，杨时又一次北上求学，从师程颢之弟程颐。杨时不仅学习勤勉，而且非常尊敬老师。有一次与游酢去拜见程颐，见老师正在厅堂上打瞌睡，他不忍惊动，便静静地站在门廊下等候。这时，天空正纷纷扬扬下起大雪，待程颐醒来，门外的积雪已经下得非常厚了，成语“程门立雪”讲的就是杨时这种好学精神和尊师重道的故事。杨时不负重望，终于学得程门理学的真谛。杨时学成后，回到南方继续潜心研究和传播程氏理学。他为了弄清楚张载《西铭》之理，专门写信向程颐请教。他在二程理学和朱熹之间起了承前启后的作用。绍圣元年（1094 年），杨时赴浏阳上任。翌年夏末初秋，浏阳县出现严重旱灾，许多农民颗粒无收，纷纷外出逃荒。杨时立即赶写《上程漕书》《上提举议差役顾钱书》，向上反映灾情，使朝廷及时拨给赈灾粮款，将官仓三千石稻谷迅速赈济灾民，缓解了灾民的苦难。绍圣四年，浏阳连降暴雨，浏阳成了“水泽之国”，大片农田被淹。杨时《上州牧书》禀报浏阳受灾情况，请求拨粮钱赈灾和减免灾民赋庸调。

杨时一生钻研理学，特别是他“倡道东南”，对闽中理学的兴起，对理学的发展做出了不可磨灭的贡献，被后人尊称为“闽学鼻祖”。他的著述非常之多，主要的都收集在《杨龟山先生文集》中，他的哲学思想继承了二程（河南程颢与程颐）的思想体系，被后人称之为“程氏正宗”。杨时还用《华严宗》《易经》的内容来阐述他的哲学思想，并用孔孟的《大学》《中庸》《孟子》中“格物致知”诚“形色”“天性”等概念来丰富、扩充自己的思想。对“理一分殊”“明镜”等学说有新的创见，还在自然观上，吸收了张载“气”的唯物主义学说。他的哲学思想对后来的罗从彦、李侗、朱熹等人产生了深刻的影响，也对我国的古代哲

学，特别是思辨哲学方面产生了深远的影响。他的哲学思想流传到国外，在朝鲜、日本的影响很大。宋嘉定十六年（1223年），宋使臣到高丽（今朝鲜），国王急切地问道："龟山先生安在？"

杨时不仅是一个著名的理学家，还是一个很有影响的政治家，他在担任地方官吏时，所到之处"皆有惠政，民思不忘"。在虔州任司法时（1098年），秉公办案，刚正不阿；在浏阳任知县时（1093年），积极上书朝廷，反映实情，赈济灾民；在余杭任知县时（1106年），顶住奸相蔡京借口"便民"实为其母筑坟的害民之举；在萧山任知县时（1112年）修筑湘湖，蓄水灌田。后人建祠堂、描画像祭祀他。杨时在朝廷任职时，不畏权势，据理直言，所言多卓有见识，所行不乏爱国之举。他以"弃军而归""帅臣失败"为由，对贪生怕死的童贯"明正典刑"，他还上书斥责奸相蔡京等人聚敛"花石纲"，以为此举有"误国之罪""其害尤甚"，要求朝廷废止之，并坚决反对割地求和的投降卖国政策，力主抗金，挽留抗金名将李纲，但杨时反对王安石变法，上书："愿明诏有司，条具祖宗之法，著为纲目……"甚至认为奸相蔡京所作所为是"继神宗为名，实扶王安石以图身利""今日之祸，安石启之"，要求"追夺（安石）王爵，毁去配享之像"，这表现了杨时复古、保守的一面。

崇宁五年（1106年），杨时奉敕差充对读官，转授浙江余杭县知县。奸相蔡京借口"便民"，实际上是为其母筑坟圈地。杨时不畏权贵，坚决抵制其害民之举；并且揭露和批评蔡京专权、暴政虐民的罪行。奸臣蔡京、童贯、朱勔、王黼等为了迎合宋徽宗的奢侈荒淫，大肆搜刮民间奇珍异宝，建龙德宫。仅朱勔主持的苏杭应奉局，用来运送奇花异石的船只就多达两千四百多艘。朱勔之流还乘机敲诈勒索，大发横财。百姓怨声载道。杨时对他们的行径深恶痛绝。他在《余杭见闻》中，愤然写道："今天下上至朝廷大臣，下至州县官吏，莫不以欺诞为能事，而未有以救之！""今天下非徒不从上令，而有司亦不自守成法……其如法何？"他批评朝廷："免夫之役，毒被海内，西城聚敛，东南花石，其害尤甚。前此盖尝罢之，诏墨未干，而花石供奉之舟已衔尾矣。今虽复早前令，而祸根不除，人谁信之？"他主张"为政以德""爱人节用""节

以制度，不伤财，不害民”。他还一再上疏恳请朝廷减轻农民赋税。

政和二年（1112年）四月，杨时赴萧山任县令。萧山县城周围农田易旱易涝，连年受灾。乡民曾多次要求将低田蓄水为湖，以灌农田，但都未实现。杨时到任后，认真听取乡民的意见，率百姓筑湖。湖取名“湘湖”，成湖三万七千多亩，周围八十余里，可以灌溉农田十四万六千八百余亩，即使大旱之年仍然有过半农田可以得到灌溉；而且“湖中多产鱼鲜，又有莼菜，可炊以疗饥”。据《萧山县志》载：“政和二年，（杨时）为邑令，经理庶务，裁决如流。以民岁苦旱，开筑湘湖，以灌九乡，至今民赖其利。祀宦祠。”

宣和六年（1124年），经张舜民推举，徽宗召杨时为秘书郎。翌年三月，杨时上书《与执政论时事札子》，建言十件大事。他写道：“如今士大夫不敢对天下大事畅所欲言，不过是为了明哲保身而已。但他们不曾想过，天下动荡不安，岂能保全自身?”他从“慎令、茶法、盐法、转般、籴买、坑冶、边事、盗贼、择将、军制”十个方面分析了朝廷一些政策的弊端以及由此产生的负面影响，并且提出许多趋利避害的建议和措施。杨时提出不能只给流亡他乡之人免除赋税，还应对辛勤劳作的农民一视同仁，使他们也能得到实惠，从而信任朝廷，而不至于跟着抛弃土地，背井离乡，沦为盗贼，引起社会动荡。他主张放宽或废弃茶盐二法，以保证贸易自由，减轻百姓负担。他认为爱民就要使民有常产，方可使天下百姓安居乐业，杨时建议朝廷恢复以前做法，拨出一笔经费作为籴本，即购粮储备金，年初预支给农民购买生产资料和维持平时生计，秋收后农民按额交粮，结算时从中扣除原发的预订金。这样，国家既能按时收粮入库，农民也从中得到便利，乐于耕种土地，不至于逃亡。但因当时奸臣当道，杨时的建议未被采纳。

杨时回到家乡后，生活十分俭朴。吕聪在《问书册》中说：“（杨时）自京城辞官还乡后，视公（杨时）一饭，虽蔬食脆甘皆可于口，未尝有所择也；平生居处，虽敝庐优屋皆可以托宿，未尝有所羡而求安也。”杨时为了教育儿孙“俭以养德”，特立下这样的家规：“三餐饭蔬，不论脆甘酸苦，只要是可以吃的，就不可有所嗜好；衣服鞋帽，不论布料精细，只要合身，就不许挑挑拣拣；所处房屋，尽管简

陋，只要还能居住，就应安居乐业，不要羡慕别人雕梁画栋；故山田园，先祖遗留，应该守其世业，不可增营地产，侵犯他人利益。”他还赋诗勉励儿孙：“敝裘千里北风寒，还忆箪瓢陋巷安。位重金多非所慕，直缘三釜慰亲欢。”他还谆谆告诫后学者：“富贵如浮云，苟得非所臧。贫贱岂吾羞，逐物乃自戕。胼胝奏艰食，一瓢甘糟糠。所逢义适然，未殊行与藏。”（杨时《书含云寺学者》）晚年他在故里仍笔耕不辍，著书立说，先后写成《三经义辨》《日录辨》《字说辨》等书。

南宋绍兴五年（1135 年），杨时辞世，终年 83 岁，葬于将乐水南乌石山麓。宋朝赐“左大中大夫”，又赠“太师、大中大夫”等封号，谥“文靖”，并在将乐龟山麓建有“龟山书院”“道南祠”，宋高宗赵构为书院题名，清圣祖玄烨题匾：“程氏正宗”。至今每年拜谒杨时陵墓的游人仍络绎不绝。

2. 主要讲学活动

杨时早年观赏江西庐山东林寺风景名胜时，曾撰有《东林道上闲步》一诗，曰：“寂寞莲塘七百秋，溪云庭月两悠悠。我来欲问林间道，万迭松声自唱酬。”清代钱肃润在《东林书院前记》中曰：“东林书院者，宋杨文靖公龟山先生讲道地也。地以‘东林’名者何？先生素爱庐山之胜，尝于道上感而有赋……及归而讲道锡邑，其地即以‘东林’名。”明刘元珍《东林志序》中肯定地说：“东林之有书院也，以明道也；龟山杨先生创起于前，洛阳顾先生继起于后。”明万历三十二年（1604 年），无锡用官资在东林书院左侧建道南祠，祀杨时及其弟子门人。道南祠有大门、前堂、享堂等，内部祭祀杨时及明清东林学者约八十余人。东林书院很快成为江南地区人文荟萃和思想舆论中心，并成为周边关中、江右、徽州书院的楷模。

《东林讲会规则》与《会约仪式》中规定：每开讲事，依古礼斋戒后，都要“先谒圣，次谒三公祠（护卫东林书院有功三位地方官，即常州前任知府欧阳东风，后任知府曾樱，无锡知县林宰），次谒道南祠”。东林书院被毁后，后继者和地方官都不忘杨时创办东林书院的功绩。其中，顾宪成对杨时敬仰有加。也正是他在杨时讲学旧址修复了东林书院。常州知府欧阳东风在《重修东林书院记》中说：“杨龟山先生载道而南，与严陵邹道乡诸先生讲学东林之

上。此东林书院所由韧也。而地以人重，至今岿然。龟山非晋陵产也，以游寓也，而故所讲学处存之至今。岂苏子瞻所云，以天下之所共有者而独私以为宠，其尊德乐道有异他邦也欤。而龟山者，宋儒也……”

修复后，东林书院内还留有许多推崇和纪念杨时的遗迹。书院大门的门联是：“此日今还再，当年道果南。”其上下联皆用杨时的典故。杨时曾作长诗《此日不再得示同学》，诗曰：“此日不再得，颓波注扶桑。跹跹黄小群，毛发忽已苍。愿言媚学子，共惜此日光。术业贵及时，勉之在青阳。”下联仍用了“道南”的典故。可惜的是，当年东林书院大门上“此日今还再，当年道果南”这副门联也早已毁失，现联由当代著名物理学家、无锡籍人钱伟长重新书写。

东林书院内还有一座建筑物取名为“再得草庐”，也和杨时《此日不再得示同学》这首诗有关。它由无锡人高世泰建筑。东林书院内大门（仪门）上“洛闽中枢”砖雕门额，系清乾隆遗物。洛指“洛学”，即北宋二程之学，因二程为河南洛阳人。闽指福建朱熹“闽学”，中枢指杨时将洛学三传给朱熹，对宋代理学南传作出重大贡献，成为闽学鼻祖，而朱熹成为理学集大成者。

东林书院内还有许多立柱书写着肯定杨时倡道东南和创办书院之功的联句。如清胡慎撰“伊洛道统自北而南先生实承前启后，洙泗心传有一无二诸贤复尊闻行知”，联中“先生”指杨时。清刁承祖撰写的“载道而南揭理一分殊之旨十八年春风化雨，奉神以祀萃仁至义尽之儒两三朝威凤祥麟”，以及明清期间孙世熙、王问、施璜、钱肃润等学者的联句。

（二）顾宪成——东林先生

1. 顾宪成生平

顾宪成（1550—1612 年），明代名士，无锡泾里（今无锡县张泾）人，字叔时，号泾阳，世称东林先生。顾宪成小时候家境十分清贫，他的父亲顾学开了爿豆腐作坊，但因为家庭人口多，支出比收入多，所以经常要向人借钱。他家的房子很破旧，挡不住风雨。但是，艰苦的生活环境反而激发了顾宪成奋发读

书的决心与进取向上的志向。他6岁就进入私熟读书，既聪明，又刻苦，而且怀有远大抱负。他在自己所住的简陋的房间的墙壁上写了这样两句话：“读得孔书才是乐，纵居颜巷不为贫。”这里的“颜”指的是孔子著名的学生颜回。颜回家里十分贫穷，但他不以为苦，师从孔子，刻苦好学，以学为乐。顾宪成认为自己的处境与颜回比较相似，立志要像颜回那样克服困难，养成乐观的学习和生活态度，做一个乐学、好学的人。

面对浩如烟海的知识，顾宪成既不拘泥于一家一说，也不厚古薄今，他视野开阔，博览群书，涉及百家，还读了大量宋代人的著作，如周敦颐的《太极图书》、程颢的《识仁篇》、张载的《西铭》以及朱熹、陆九渊、邵雍、王阳明等人的著作。他善于掌握全书的主旨大意，不沉溺于训诂章句之类，所以吸收了很多有益的思想。顾宪成在读书中，非常钦佩前贤先哲的为人，总是想仿照那些德高望重的人的思想举动去行事。也因为有了刻苦耐劳、不思进取的努力，他所创作的“风声雨声读书声声声入耳，家事国事天下事事事关心”这副名联，至今仍让人回味无穷。这副名联表达了他读书期间对社会的关注。由于当时社会风气不正，一些人品德很不端正，没有是非观念，注重私利，见风使舵。使得顾宪成对这种状况愤愤不平，时常想找出矫正的办法，做到把书本知识和社会实际结合起来进行研究。

明万历四年（1576年），27岁的顾宪成赶赴应天（今江苏南京）参加考试，他在应试的文章《习书经》中指出：天下治理的关键在于用人得当。只有选拔、任用贤才，使之各司其职，这样才能使国家稳固、政治清明、民情安定。同时，顾宪成还强调朝廷要广开言论，虚心纳谏，以法治国，注意总结前代的经验教训以供借鉴，把国家的事情办好。由于顾宪成的文章立意远大，分析透彻，结果以第一名中举，时人将举人第一名称为解元。顾宪成从此名闻遐迩。

万历八年（1580年），解元顾宪成赴京参加会试，又被录取在二甲第二名，赐进士出身。当时，得中进士的人就可进入官场，顾宪成从此开始了他的仕宦生涯，投身到了社会激流中。顾宪成带着强烈的政治热情踏上仕途，想为国为民做些有益的事。但当时的皇帝明神宗和宦官、王公、勋戚、权臣结合成为一股最反动腐朽的势力，操纵朝政，政治黑暗，军事腐败，财政拮据，而

人民由于苛政暴敛被迫反抗的事件也层出不穷。由于明代国力渐衰，崛起于关外的满洲贵族也逐渐不服明代中央政府的管辖，逐渐构成对明代的威胁。面对这种国是日非的形势，初入仕途的顾宪成不顾自己位微言轻，上书直谏，主张举用人才，评论时政得失，无所隐避。他先在户部、吏部任职，后外放桂阳（今属湖南）、处州（今浙江丽水）等地为官，后又奉调再入吏部。不管在什么地方、什么部门任职，他都不媚权贵、廉洁自守、正直无私、办事认真。顾宪成孜孜国事，反而获罪罢官，朝野许多人士为朝中失去这样一位正直无私的官员扼腕叹息，也对顾宪成的品格十分钦佩，顾宪成的名望反而更高了。

1612 年，一生忧国忧民的顾宪成走完了他 62 年的人生历程。他留下的著作有《小心斋札记》《还经录》《证性篇》《东林会约》《东林商语》《南岳商语》《仁文商语》《虞山商语》《经正堂商语》《明道商语》《质疑篇》《桑梓录》《朱子二大辨序》等。

顾宪成一生，早年立志把求学与服务社会紧密结合，中年以后把讲学与议政活动结合起来，开辟了知识分子议政的风气。他的高风亮节和爱国至深的精神也一直在鼓舞激励着后人关心国事，热忱报国。

2. 主要讲学活动

万历二十二年（1594 年）九月，顾宪成从北京回到家乡泾里。顾宪成在朝中因公务繁忙，积劳成疾，再加遽遭削职，冤屈难申，因此在长途跋涉回到家中后，体质极弱，病痛频发，好几次生命陷入垂危。然而他绝不放弃自己为国为民的抱负，尽管已不能在朝中实现自己的志向，也要在故乡做些有益的事。顾宪成认为：讲学，可以传授知识，风范人物，扶持正论，为国家培养人才，而这也和自己重人才、重舆论的政治思想是一致的。于是便把精力集中到讲学上来，顾宪成一生最辉煌的事业就此展开。

由于顾宪成在学界、政界都有很高的声望，所以慕名前来请教他的人很多。顾宪成不顾病体，不管其贫富贵贱，一视同仁，热情欢迎接待。后来，他看到前来泾里的人很多，小小的泾里镇上，连祠宇、客栈和自己周围邻居家都住满了客人，还容纳不下，就与长兄性成、次兄自成及弟弟允成商量，在自己住宅

南边造几十间书舍供来人居住，顾宪成的夫人朱氏给学生们烧饭做菜，使学生来了就像回到家里一样。泾溪南北，昼则书声琅琅，夜则烛火辉辉，一派夜以继日奋发攻读的景象。即使许多已有功名、才学亦高的学者也争相前来求教。

顾宪成在居家讲学的同时，还经常到苏州、常州、宜兴等地去讲学，经常与苏州、松江、常熟、太仓、嘉兴、宜兴等吴中学者聚会于无锡惠山天下第二泉畔研讨学术。在讲学活动中，顾宪成迫切感到必须具备一个固定的讲学场所，从而将分散的讲学活动变成一个有协调有组织的统一活动，从而对吴地乃至整个社会产生良好的影响和作用。万历三十二年（1604年），经顾宪成和吴地学者的共同努力，官府终于批准在无锡城东门内的东林书院遗址重建兴复东林书院。重建工程开始于这年四月十一日，至九月九日告竣，共用了一千两百多两银子。作为首倡发起人之一的顾宪成捐银最多，又去策动吴地官员和缙绅捐资助修，出了大力。顾宪成又亲自为书院讲会审订了宗旨及具体会约仪式，这年十月，顾宪成会同顾允成、高攀龙、安希范、刘元珍、钱一本、薛敷教、叶茂才（时称东林八君子）等人发起东林大会，制定了《东林会约》，顾宪成首任东林书院的主讲。顾宪成的讲学活动成为他一生事业的辉煌时期。

由于东林讲会开创了一种崭新的讲学风气，因而引起了朝野的普遍关注。一些学者从全国各地赶来赴会，学人云集，每年一次的大会有时多至千人，不大的书院竟成了当时国内人文荟萃的重要会区和舆论中心，在这里求学的人们便逐渐由一个学术团体形成为一个政治派别，从而被他们的反对者称为“东林党”。那时所谓的“党”，不同于今天的政党，而是指政治见解大致相同、在政治活动中经常结合在一起的一群人。东林党与朝廷中的腐朽势力展开了殊死的斗争，东林书院的主讲顾宪成则以其卓越的思想气度成为东林党的精神领袖。

顾宪成思想的最大特点是重视社会政治，关心世道人心，充满了以天下为己任的救世精神。这种救世精神本是儒学祖师孔子、孟子的传统，但在汉以后封建专制统治下的儒生，不但多数沉溺于科举功名之士和从事考据、词章之士背离了这种精神，只是把它当做升官发财、夺取名利的手段，即使连标榜义理

之学的儒生，多半也只是脱离社会实际的空谈者。顾宪成花了大量时间和精力，深入研究各家的学术观点，从现实和封建国家利益出发，认为沉溺功名或空谈心性都是有害的，因为这两种学术思潮都将导致人们对现实社会和具体学问的漠不关心。他认为如今的政治形势已危机四伏，如同把干柴放到烈火之上那么危险，因此顾宪成强调研究学问的出发点必须是为了社会国家民生所用。他认为如果眼光短浅，营于一己之私，即使功名很高、学问很深、修养很好也不足挂齿，提倡士人不管是做官为民，身处何境，都要明辨是非，注重气节，敢于和恶势力斗争。在东林书院的讲堂里，就挂上了顾宪成在青年时代写的那副对联："风声雨声读书声声声入耳，家事国事天下事事事关心"，把读书、讲学同关心国事紧紧地联系在一起。同时，顾宪成也以一庶民身份积极参与时事和评论朝政之中，将注意乡井民情和关心国事落实到实际行动上。万历三十二年，以贩粮谋点微利的赵焕在江阴长泾（今江阴长泾）为税吏俞愚、金阳暗设毒计，活活打死，并将尸体沉入附近河内。他的儿子赵希贤多次为父讼冤，由于乡官相互包庇，一直得不到申雪。顾宪成为此一面写信给巡抚江南的地方官周怀鲁，请他代呈灾情，上达朝廷，以便量情及时给予救济；一面又写信给漕运巡抚李三才，向他反映灾区情况，恳请他尽力通融接济灾民。顾宪成对朝局的败坏十分关心，他鼓励东林学子不管时局多么艰难，一定要坚守职责，直言敢谏，精诚谋国，"即使天下有一分可为，亦不肯放手""天下有一分不可为，亦不可犯手"。意思是说，只要天下还有一线希望，就要坚决地干下去，切不可知难而退，归居林下，使一邦宵小奸党全面控制朝政，同样，只要有一丝一毫不该做的，也绝不参与插手，绝不能同流合污，使政局更为糟糕。

顾宪成等人在东林书院聚众讲学，因言行举止，竭诚坦荡，赢得了朝中一些正直官员的钦佩，而顾宪成的许多学生也已走入官场，这样就形成了一股较大的政治势力。许多东林官员纷纷上疏推荐重新起用顾宪成。万历三十六年（1608 年），顾宪成被正式任命为南京光禄寺少卿，顾宪成为了实现自己的救世理想，便奉旨动身前往南京赴任，由水路放舟至丹阳附近，不料因头痛病复发，无法坚持，只得作罢，弃官折回，继续从事讲学议政。

万历三十八年（1610 年），朝局反复，朝臣之间因东林

官员李三才能否入阁发生了激烈的党争。掌管京畿的道御史徐兆奎攻击朝廷内有许多官员与削职为民的顾宪成勾结一起，结成“东林党”。这样，东林书院就公开卷入政治漩涡，许多士人因惧怕与东林书院有瓜葛而罹祸，因而对东林书院的讲学活动产生了戒畏之心，并抱着回避态度。但顾宪成认为东林讲学不能因有心人攻讦，不能因为政局变化，就改变讲学议政的初衷，一年一度的东林大会也要按原定计划进行。

万历三十九年（1611年），是朝廷规定的京察之年，即对朝廷官员进行考察调整。主持此事的东林官员叶向高等希望积极设法解除以往纷争，秉公办事，澄清吏治，使政治朝局焕然更新。但不料其他派别的官员联合起来栽赃陷害，把目标集中在东林官员身上，主要意图就是想将朝中正人搞倒，由他们来控制内阁大权。徐兆奎更是将朝廷纷争的全部责任推到东林官员头上，说国家吏治、人品、学术都因顾宪成的东林讲学而弄得败坏不可收拾，污蔑东林借讲学之名行结党营私之实，将功名利禄与学术气世统统混为一谈，弄得吏治人心大败。明神宗看了徐兆奎的奏疏后，对东林官员的提议不予采纳。这次京察，东林官员的努力没有实现。相反，一帮奸党因祸得福，都纷纷挤到各要津重地，并不遗余力地捏造借口打击排挤朝中直臣。从此，国家政治更加黑暗。被指控为“讲学东林、遥执朝政”的顾宪成处境艰危，东林书院的景况也开始走下坡路，与会人员锐减，已只有“二三真正如苍然隆冬之松柏”的君子前来听讲，讲事也逐渐凋零。

（三）高攀龙——景逸先生

1. 高攀龙生平

高攀龙（1562—1626年），明代文学家、政治家。字存之，又字云从、景逸。无锡（今属江苏）人。东林党领袖，官至督察院左都御史。因反对阉党被革职回乡，与顾宪成等在东林书院讲学。

19岁时以品学兼优，为邑诸生。万历十年（1582年）中举，曾就学于顾宪成。公余研读二程与朱熹的著作，以程朱理学为宗。万历十七年（1589年）中

进士，授行人。上书指责“陛下深居九重”，被贬谪为揭阳县典史，又逢亲丧家居，三十年不被起用。在此期间，他与顾宪成在家乡东林书院讲学，抨击阉党、议论朝政，影响较大，时人称为“东林党”。高攀龙为首领之一。万历二十一年（1593年），因上疏痛责首辅王锡爵排斥异已，被贬为广东揭阳县典史。万历二十二年（1594年）九月，从北京回到家乡泾里。

万历二十三年（1595年），弃官回无锡，在五里湖畔建筑“水居”，家居二十七年。高攀龙被革职后，万历三十二年（1604年），与顾宪成等合力重修东林书院，集合志同道合的朋友顾宪成、钱一本、薛敷教、史孟麟、于孔兼等在这里讲学，议论朝政，指斥时弊。“每年一大会，每月一小会”。当时一些被谪黜的士大夫，或世不能容而退居山野者，知道这个消息后，全都来响应归附。他们讽议时政，裁量人物。朝内官员也遥相应和。

天启元年（1621年），高攀龙被召入朝任光禄寺丞，又升少卿。后因“红丸案”，上书责臣，帝不听，反被夺禄一年。后又议任大理少卿、刑部右侍郎。天启四年（1624年），高攀龙擢升左都御史，与左副都御史杨琏等上书弹劾太监魏忠贤，揭发魏忠贤的党羽崔呈秀贪污受贿事状，被革职返乡。后崔呈秀派锦衣卫缇骑前往逮捕，他投池自尽。

高攀龙能诗文。前人称他“立朝大节，不愧古人，发为文章，亦不事词藻而品格自高”。高攀龙的文章平易流畅，格调清遒。他的记叙性散文，如《南京光禄寺少卿泾阳顾先生行状》和《祭顾泾阳先生》，深情地描述了东林领袖顾宪成的生平事迹、为人品德及东林书院建立经过，情节感人。文中称：“先生于世，无所嗜好。食取果腹，衣取蔽体，居取坐卧，不知其他。四壁不垩庭草，不除帷帐，不饰一几一榻，敝砚秃笔，终日俨然冥坐读书，四方酬答而已。忧时如疾痛，好善如饥渴。”素淡几笔，写出一位以清廉自守的正直士人形象。又如《薛文清公传》，仅载几件小事，而将薛文清公正廉明、敢于力谏的品德勾画如生。他的游记散文虽不多，但也可见其善于借景抒情的功力。如《武林游记》，记杭州数日游，写湖中雨景道：“是时雨丝阴，水烟笼树，远山层叠，浓淡相间。内湖荷香袭人，游人歌吹与点点渔舟错落，左右瞻眺，恍然自失。”读文如观画。又如《三时记》描绘大姑滩

的险急，栩栩如生，由此想到“张旭、右军观之，书法当更适”，颇有深意。

高攀龙的诗歌，朴素自然，文字简洁，恬淡中别有寄托，颇有陶渊明风格。沈德潜称他“无心学陶，天趣自会”。如《夏日闲居》：“长夏此静坐，终日无一言，问君何所为？无事心自闲。细雨渔舟归，儿童喧树间。北风忽南来，落日在远山。顾此有好怀，酌酒遂陶然。池中鸥飞去，两两复来还。”清幽的环境衬托出悠闲的情绪。高攀龙著有《高子遗书》十二卷，还有《周易简说》《春秋孔义》等。

抱道忤时的士大夫、退居林野的官僚，与部分在朝的士大夫遥相应合，形成一股政治势力，高攀龙则与顾宪成并称“高顾”。顾宪成卒后，由其主持东林大会。熹宗即位，起为光禄寺丞，官至左都御史。支持杨涟等人追论梃击、红丸、移宫三案，借以消除外戚、勋贵及浙党的势力，又力主澄清吏治。

高攀龙曾言：“字辇毂，志不在君文；官封疆，志不在民生；居水边林下，志不在世道；君子无取焉。”所以虽然是在书院讲学，却还经常讽议时政。其后，孙丕扬、邹元标、赵南星等正直君子，被朝廷黜免，亦赴东林相继讲学。他们自负气节，与朝廷相抗，这便是东林党议的开始。

高攀龙出自赵南星之门，其学以格物为先，兼取朱、陆两家之长。操履笃实，粹然一出于正。初自辑其语录文章为《就正录》。后其门人嘉善陈龙正编成此集，凡分十二类。一曰语，二曰札记，三曰经说辨赞，四曰备仪，五曰语录，六曰诗，七曰疏揭问，八曰书，九曰序，十曰碑传记谱训，十一曰志表状祭文，十二曰题跋杂书。附录志状年谱一卷。其讲学之语，类多切近笃实，阐发周密。诗意冲澹，文格清遒，亦均无明末纤诡之习。高攀龙虽亦聚徒讲学，不免渐染于风尚。然严气正性，卓然自立，实非标榜门户之流。故立朝大节，不愧古人；发为文章，亦不事词藻，而品格自高。此真之所以异于伪欤（《四库全书》）。

天启元年（1621 年），朝廷起用被贬谪的诸臣，高攀龙入朝为光禄寺丞，次年升光禄寺少卿。这时山海关外诸城池已被清兵攻陷，危及京师，他推荐礼部右侍郎孙承宗专理守战的疏奏为皇帝接受。孙承宗出关督师，收复了辽河以西失地。高攀龙后调任太常少卿，升太仆卿。天启三年（1623 年）春，他利用出公差的机会，回无锡主持东林书院讲会，同年调任刑部右侍郎，弹

劾宦官魏忠贤的党羽御史崔呈秀。天启四年（1624 年）升都察院左都御史。时魏忠贤已结成阉党，矫旨指责他与吏部尚书赵南星谋结朋党，高攀龙被迫辞职回乡。天启五年（1625 年）起，魏忠贤大兴冤狱，捕杀杨涟、左光斗等正直官员，打击东林党人。四月，高攀龙被追夺爵命，削籍为民。十月，东林书院被毁。十二月，魏忠贤一伙颁示“东林党人榜”，他被列入榜中。

天启六年（1626）二月，魏忠贤、崔呈秀合谋诬劾高攀龙和前应天巡抚周起元等七人。锦衣卫缇骑四出追捕东林党人。三月，缇骑在苏州逮捕周顺昌等人，激起大规模的市民抗暴斗争。高攀龙得到消息后，自知不免，写下遗表，于三月十七日凌晨从容赴水，终年 64 岁。崇祯初年得以昭雪，追封太子太保、兵部尚书，谥忠宪。遗著经后人整理为《高子遗书》和《高忠宪公集》。

其实，从他死前对友人那句“心同太虚原无生死”的话中已经可见一些端倪，在高攀龙诗集中，我们可以看到他写有不少这样的诗句，“坚白江湖骨，升沉天地心。凭高诚识目，迢遽有层阴”（《夏日闲居》）。“……妙悟世情外，真机独坐中。物交吾不役，转觉此身雄”（《望湖亭坐月》）。“……六径疑处破，一气静中深。”（《庚子秋日同友人居静坐》）“……从今丢却蒲团子，鲲海鹏天一块哉”。

在高攀龙的文集中，我们也可见到这样的文字：“朱子谓学者半日静坐，半日读书，如此三年，无不进者。尝验之一两月，便不同。学者不作此功夫，虚过一生，殊可惜。”在他去揭阳任典史途中，由于他遭受王锡爵的报复排挤，气闷在心。因此，他开始“胸中理欲交加，殊不宁帖”。后来，他在途中“整日静坐，夜不解衣，倦极而睡，睡觉复坐”。结果使他“一念缠绵，斩念遂绝”。从上面引用的高攀龙一些诗文中，知道他服膺程（颐）朱（熹）理学和程朱的读书与静坐并行的做法。静坐，实际上就是我国传统气功中的静功。高攀龙练了几十年的静功，已达到“心如太虚”的境界。因此，他能够屏住自己的呼吸，使自己止息而离开人世。明天启六年，魏忠贤等阉党人士欲将东林党人一网打尽，派缇骑去无锡逮捕已罢官在家的高攀龙。高攀龙得知逮捕者就要来到的消息后，在书房里留下一封遗书，悄悄地投附近的池塘而死。

高攀龙墓，原在无锡西郊璨山之东，1966年遭毁，1985年由无锡市文物管理委员会移地重建于西郊青山，今青山公园内。原墓地形制宏伟，占地4.7亩，坐南朝北。清雍正、乾隆及以后各朝，曾多次加以修整。咸丰年间，因兵灾致使墓园严重破坏，光绪元年（1875年）又加以重修，1985年移建于其父母安葬之地。现墓园四周用砖砌罗城，墓墩用石块围砌，上部有封土，墓前有石刻墓碑。上镌“高攀龙之墓”。1986年7月，由无锡市人民政府公布为市级文物保护单位。

2. 主要讲学活动

高攀龙的理学思想接受顾宪成的影响。《本传》称:“初，海内学者率宗王守仁，攀龙心非之。与宪成同讲学东林书院，以静为主。操履笃实，粹然一出于正，为一时儒者之宗。”（张廷玉《明史》）他十分重视个人的亲身实践，说“虚言无益”“学问不贵谈，而贵行”，不过，他的实践观所指不是社会实践，而是个人的品行修养，所谓“以性善为宗，以居敬格物为要，以躬行实践为主，以纲常名教为本”（陈济生《天启崇祯两朝遗诗》）。他向人宣传：“天下原是一身，吾辈合并为公，即天下如一气呼吸。何谓合并为公，人人真心为君民也。为君民心真，则千万人无不一。故曰如一气呼吸。”（周亮工《尺牍新钞》）他完全是一个理想主义者。可惜在顾宪成去世后，高攀龙在思想上有所消沉，最后研习禅学；与其早年果敢风格截然不同。

五、东林书院的千古名联对后世的影响

（一）千古名联的提起

东林书院再次兴盛是在明朝后期。它兴盛的时间并不长，从明万历三十二年（1604年）修复，到天启五年（1625年）由于政治上的干预而被魏忠贤下令拆毁。

直到万历三十二年（1604年），被革职的顾宪成及其弟顾允成与高攀龙等人捐资在原址修复，并相继主持其间，聚众讲学，指陈时弊，锐意图新，自称“东林人”，成为当时江南传播理学、讲学论典的重要场所。顾宪成所撰“风声雨声读书声声声入耳，家事国事天下事事事关心”这副对联，更是被广为传诵。因其触怒权贵，东林书院被严旨拆毁，东林讲学等人亦被斥为“东林党”而蒙遭迫害。

追索东林书院名联的由来和变迁，有其不寻常的经过。据传，顾宪成幼时在张泾桥读书非常刻苦，且善于作诗应对。一次，在外任知州的陈云浦风雨夜泊张泾桥，慕名找到正在读书的少年郎顾宪成，当场出了上联“风声雨声读书声声声入耳”，顾宪成随即对出了“家事国事天下事事事关心”的下联，一时传为美谈。这副对联初见于无锡惠山“顾端文公祠”。

这副对联体现了顾宪成主持东林书院的宗旨，反映了在风雨如晦的年代，莘莘学子刻苦读书的情景。“声声入耳”“事事关心”与“两耳不闻窗外事，一心只读圣贤书”形成极大的反差，它不仅强调读书人要好好读书，而且要关心国事，以天下事为己任，确立“修身、齐家、治国、平天下”的宏伟大志。

联语寄意述怀，立意高远，音调回环铿锵，节奏急促和谐。据1921年版《无锡大观》记载的就是：风声雨声读书声，声声入耳；家事国事天下事，事事在心。1947年，吴敬恒、唐文治、钱基博等修东林书院，顾宪成后裔、东林小学校长顾希炯将此对联复制了一副，置于东林书院，但是已将其中的“事事在心”改为“事事关心”了。1982年，在重修东林书院时，特请廖沫沙重书此联，悬挂在依庸堂上。

（二）千古名联的影响

对于东林书院，一幅千古名联“风声雨声读书声声声入耳，家事国事天下事事事关心”，就是它几百年来的流传最深远的“广告词”，对联的作者顾宪成也因此被世人熟知。尽管人们更多地知道“东林党”这个词汇，比“东林书院”要多，是因为东林党人的事迹是明朝后期一个重大的政治事件，东林党人因东林书院而得名。

经历数百年风雨后的东林书院无论景致有何变化，后人在仰慕那一片寂静的房舍庭院时，总是怀着一腔崇敬的心来解读它们的寂寥，来聆听它们唱吟数百年的音符和心灵。那种来自历史深处的风声雨声读书声，渐渐进入灵魂的深处；那种忧国忧民的家事国事天下事，打动了千百万的中国学子。

东林书院虽一席片壤，但它在我国政治、思想、文化及教育史上均占有一定地位。东林书院从明末经清代近二百七十余年间，会众讲学之风列代承继，延续不断，是书院教育发展史上的一大壮举。东林学者为官清廉，讲学风、讲正气、躬行实践，锐意图新及热忱的爱国思想是我国古代优良文化遗产的一个组成部分，其倡导的学以济世、视天下为己任的东林精神延绵流传了四百余年而不衰。

岳麓书院

岳麓书院是中国最古老的书院之一，坐落在历史名城长沙市湘江西岸的岳麓山下。岳麓又称灵麓，被古人视为南岳七十二峰之一。这里景色优美，人杰地灵，有着古老的文化渊源，吸引了众多文人在此隐居读书。清朝黄宗羲的《宋元学案》中曾说，岳麓书院的师生中，“成功立业”者有很多。他们投身于政治、经济、军事、文化等各个领域，为社会的发展与历史的进步作出了卓越的贡献。

一、历史沿革

（一）北宋时期的创建

中国古代的书院起源于唐朝，清朝人袁枚在他的《随园随笔》中指出："书院之名，起于唐玄宗时，丽正书院、集贤书院皆建于朝省。为修书之地，非士子肄业之所也。"可见，最初的书院主要是官办的修书、校书以及藏书的场所。也有一些书院是私人建立的，作为文人隐居读书的地方，多设在山林、寺观或村野之中，这时的书院还都不是一种真正意义上的教育机构。后来，有些文人、隐士开始收揽徒弟，传道授业，因此，有些书院开始有了教育活动，但这时书院的规模都不大，学生也比较少，还处于一种萌芽状态。

到了唐末及五代十国时期，战乱不断，官学废弃，许多"洁身自负"的文人隐居山林，读书讲学。因此，书院教育得到了进一步的发展，而且这时的书院已经初步具备了后来书院的一些基本特征。虽然根据史书的记载，岳麓书院是在北宋开宝九年（976 年）创建的，但从南宋时期任岳麓书院山长的欧阳守道的记述来看，岳麓书院的创建时间应该可以推到唐末五代时期。欧阳守道在《巽斋文集》中说："往年余长岳麓，山中碑十余，寻其差古者，其一李北海开元中为僧寺撰，其一记国初建书院志撰者名。碑言书院乃寺地，有二僧，一名智璇，一名某，念唐末五季湖南偏僻，风化陵夷，习俗暴恶，思见儒家之道，乃割地建屋，以居士类，凡所营度，多出其乎。时经籍缺少，又遣其徒市之京师，而负之归。士得屋以居，得书以读。其后版图入职方，而书院因袭增拓至今。"根据这段记载，我们可以知道，在唐末五代时期，战乱不断，文教遭破坏，而湖南偏远，文教更加落后。这时智璇和另一个和尚，希望通过儒家之道来改变这种状况，于是便割地建屋，让文人可以有居住读书之地，后来的岳麓书院就是在此基础上逐渐发展起来的。

北宋建立后，经过连年征战，终于结束了割据局面，实现了统一。在北宋

时期，岳麓书院所在的长沙属潭州管辖。开宝六年（973年），朱洞出任潭州太守，鉴于长沙岳麓山抱黄洞下寺庵林立、环境幽静，接受了刘鳌的建议，在原有僧人兴办的学校基础上创建了岳麓书院。初创的书院分有“讲堂五间，斋舍五十二间”，其中“讲堂”是老师讲学的场所，“斋舍”则是学生平时读书学习兼有住宿的场所，俨然已经成为一所颇有规模的书院了。此时，虽然它并不属于官学，但从创办开始就受到官府的支持，表现出某些官办的性质。

朱洞离任后，岳麓书院因一时得不到有力的支持，一度出现了“诸生逃散，六籍散亡，弦歌绝音，俎豆无睹”的局面，直到咸平二年（999年）李允则出任潭州太守，情况才有所改变。李允则为了发展当地的文教事业，决定扩建岳麓书院。他“询问黄发，尽获故书，诱导青衿，肯构旧址。外敞门屋，中开讲堂，揭以书楼，序以客次。塑先师十哲之像，画七十二贤，华衮珠旒，缝掖章甫，毕按旧制，俨然如生。请辟水田，供春秋之释典；奏颁文疏，备生徒之肄业”。也就是说，他访问年龄大的人，把以前的旧书都收回到岳麓书院，又带领年轻人对书院进行翻修，他将讲堂设在书院的中心，又盖了御书楼，将所有的建筑按顺序排列，还供奉先贤的塑像，开辟了水田，还奏请朝廷颁发证书，作学生肄业之用。经过李允则的扩建，岳麓书院分为讲学、藏书、供祀三个部分，并开始设置学田，这成为书院的基本格局。

在这个基本格局中：讲学部分是书院的主体，它包括讲堂和斋舍。讲堂是老师讲学论道的地方，斋舍是学生读书和住宿的地方。岳麓书院在创建之时有讲堂五间，斋舍五十二间，李允则扩建时“中开讲堂”，从而确定了讲堂在书院的中心地位。在岳麓书院后来的发展历程中，经过了多次废弃和重建，但将讲堂置于书院中心位置这个基本格局却始终没有变过；其次是藏书部分，因为书院最初就是用来藏书的地方，虽然后来发展成为了教育机构，但藏书这一职能始终没有改变。岳麓书院历来都很注重收集并保存典籍，李允则扩建时还建立了藏书楼，并位于讲堂之后的中轴线上，说明它在书院中具有重要的地位；另外，供祀部分也是书院的一个重要组成部分，起初只是供祀先师孔子，后来又增加了儒家学派的代表人物及孔子的著名弟子，再后来，还发展到供祀本学派的大师或忠臣、乡绅名宦等。

岳麓书院正式定额六十余人，已经具有相当的规模，在当时产生了很大的影响。北宋王禹偁在《潭州岳麓书院记》中，把岳麓书院比作孔子和孟子的家乡，说明岳麓书院在当时享有很高的声望。

北宋是在五代十国分裂割据之后建立起来的大一统王朝，为了防止这种分裂的局面再次出现，北宋统治者格外注重强调中央集权。因此为了加强思想上的控制，振兴渐趋衰落的官学，北宋掀起了兴学运动。在这场运动中，书院遭到了很大的打击，有的被变为官学，有的甚至被废弃，岳麓书院也受到了影响。在这一时期，朝廷曾下令废弃岳麓书院，并将其改为鼓铸场。但是这个命令遭到很多人的反对，如湘阴尉朱轲便对这个命令拒不执行。后来朝廷考虑到岳麓书院的影响太大，只好放弃这个决定，岳麓书院这才幸免于难。它不但没有在这场运动中被废弃，反而获得了发展。

北宋大中祥符五年（1012 年），周式担任岳麓书院山长。这时，书院的规模已由原来的六十人发展到数百人，并在潭州太守刘师道的支持下扩建斋舍，因此，岳麓书院的名气遍布天下。大中祥符八年（1015 年），宋真宗亲自召见山长周式，并亲书“岳麓书院”匾额，至今书院仍保存着的明代“岳麓书院”刻石，即是宋真宗的真迹。由于周式学行兼优，真宗欲授予其国子监主簿的职位，但他无心做官，便坚决地拒绝了。真宗被他这种为了教育坚定不移的精神所打动，赐给他许多内府书籍。

经过北宋的兴学运动，官学又发展起来，岳麓书院在这场运动中被纳入到“潭州三学”这种类似于官学的教育体制中。所谓的“潭州三学”是指：州学、湘西岳麓书院和岳麓书院精舍。这是逐级递增的三个阶段，根据《宋史·尹谷传》记载：“初，潭士以居学肄业为重。州学生月试积分高等，升湘西岳麓书院生；又积分高等，升岳麓精舍生。潭人号为三学生。兵兴时，三学生聚居州学，犹不废业。”其中，湘西岳麓书院是指湘西书院，他是李允则咸平四年（1001 年）请赐国子监书籍时建立的，而岳麓精舍则是指岳麓书院。可见，岳麓书院在“潭州三学”中

的地位高于州学之上，成为地方上的高等学府。

（二）南宋时期的兴盛

北宋末年，不断受到金朝的攻击，靖康元年（1126年），金军包围了北宋的都城汴京（今河南开封）。第二年，金人俘宋徽宗和宋钦宗北去，北宋灭亡。

就在这一年，北宋康王赵构在南方的归德称帝，改年号为建炎，这就是南宋。

南宋建立以后，继续与金朝进行连年的战争，岳麓书院所在的潭州也遭到战火的破坏，最终在绍兴元年（1131年）被毁，化为废墟。此后，尽管一些文人、士大夫曾努力修复书院，但都没有成功。乾道元年（1165年），刘珙任湖南安抚使知潭州，他深受儒家思想的影响，一生以尊儒重道为己任，而且与朱熹、张栻等著名学者交情深厚，关系密切。刘珙到湖南上任后，对发展文教事业非常重视，曾经“葺学校、访雅行，思有以振之”（《宋史》本传）。当有人提出要重建岳麓书院的时候，他非常赞同，授命郡教授郭颖负责这件事，不到一年的时间，新的书院得以建成，有屋五十楹，又将圣人的肖像供奉于殿中，“列绘七十子，而加藏于书堂之北”。其规模在原来的基础上又有所扩大。

除此之外，刘珙又聘请了当时著名理学家张栻主教岳麓书院，这更提高了岳麓书院在教育界与学术界的地位。刘珙对张栻的品行和学术思想十分欣赏，多次向皇上推荐张栻，希望他能够得到朝廷的重用。张栻曾就学于湖湘学派的创始人胡宏，在胡宏的众多弟子中最为优秀，学成后回到湖南，创立了城南书院。刘珙重建岳麓书院时，他曾率弟子前往观看，对岳麓书院的环境非常喜爱，认为那是研究学术、传道授业的好地方，因此，当刘珙向他发出邀请时，他便欣然接受了。张栻在当时的学术界享有很高的威望，与朱熹、吕祖谦并称为“东南三贤”。他主教岳麓书院时，许多人慕名而来，从学者不仅来自于湖南，而且遍及东南各省，一时之间达到千人之多，奠定了湖湘学派的规模。此后，岳麓书院培养了大批湖湘学派的传人，并将湖湘学派的学术思想发扬光大，岳

麓书院便逐渐发展为湖湘学派的基地。

经过刘珙的重建，岳麓书院的规模得到恢复而又有所扩大，进入到一个崭新的阶段，出现了前所未有的兴盛局面。随着岳麓书院影响的扩大，许多著名学者纷纷被吸引来此进行学术上的交流，其中就包括南宋时期最著名的理学家——朱熹。其实，朱熹与当时主教岳麓书院的张栻早有学术上的往来。隆兴二年（1164 年），张栻的父亲张浚病故，张栻携父亲灵柩经过豫章，朱熹曾前去吊唁并同张栻有过交谈。此后，二人经常书信往来，就一些学术问题进行交流，但有些问题始终没有达成共识，渐渐地，他们都感到仅靠书信交流意见是不够的，于是产生了见面切磋的想法。就这样，终于在乾道三年（1167 年），朱熹在学生范伯崇、林择之的陪同下，不远千里从福建来到长沙，与张栻切磋学术，并在岳麓书院讲学。朱熹在当时是十分有声望的，他在岳麓书院持续讲学两个多月，来听他讲学的人特别多，以至有“一时舆马之众，饮池水立干涸”的说法，也就是说那时来听朱熹讲学的人所骑的马非常多，只要它们喝池里的水，池里的水就会立即干涸。可见，当时真的是盛况空前，这就是历史上著名的“朱张会讲”。

朱熹此次来岳麓，除了在岳麓书院讲学以及与张栻交流学术以外，还与胡宏的另外两位学生彪居正和胡广仲会面，与之切磋一些学术上问题。朱熹还与张栻结伴共同游览名山胜地，他们一起吟诗唱和，竟然作了一百四十九首诗，最后由张栻作序，朱熹作后记，编为《南岳唱酬集》。

这次会讲取得了一定的学术成果，并在客观上促进了朱熹所代表的闽学与张栻所代表的湖湘学之间的学术交流与融合。同时，这次会讲对岳麓书院在学术上的发展也具有重要的意义，因为它开了书院会讲制度的先河，此后许多著名学者都来到岳麓书院讲学，使各个学派的学术思想都能够在这里得到融合、传播。岳麓书院的学术氛围也非常活跃，成为中国学术发展的一个重要基地。因此，这次“朱张会讲”在岳麓书院的历史上被传为佳话。

淳熙元年（1174 年），张栻由于职务的调动离开了长沙，淳熙七年（1180 年）病逝于江陵。张栻死后，他的学生大都改从其他学派的学者为师。淳熙十五年（1188 年），岳麓书院山长顾杞

聘请事功学派的陈傅良到岳麓讲学，而事功之学与湖湘之学有一个共同的特点，就是都主张经世致用，于是原来从师于张栻的湖湘学子便大多转而从学于陈傅良了。绍熙五年（1194 年），朱熹被任命为湖南安抚使，再度来到长沙。他对于湖湘学派与事功学派的融合很不满，认为这违背了理学的正统，而且当时的岳麓书院很不景气，没有了往日那种积极的学术风气，这使朱熹感到非常惋惜，于是他决定兴学岳麓，更建书院。朱熹兴学岳麓的措施主要有以下几个方面：第一，聘请自己的两个弟子黎贵臣和郑贡生分别担任岳麓书院的讲书职事与学录，负责掌管学规和辅助教学。同时，他也亲自管理书院并到岳麓督学。第二，将他主持白鹿洞书院时拟订的《白鹿洞书院教条》在岳麓书院颁行，这是岳麓书院第一个真正意义上的学规。第三，增加学员的数额。岳麓书院原来将学员定额为二十名，朱熹在此基础上增加了额外的十名，规定他们可以不参加考试而进入岳麓书院，并发给其一定数量的生活费，叫做膏火费。第四，更建书院。明代杨茂元的《重修岳麓书院记》中记载，刘珙所创立的书院，经过岁月的侵蚀已经有所损坏了，朱熹对岳麓书院进行了修复，规制一新。然而，朱熹并没有亲自参与岳麓书院的修复工作，而是委任王谦仲具体负责。岳麓书院的修复持续了很长时间，朱熹早已离任了，但是修复书院的想法以及具体修复的规划则是由朱熹提出来的。经过朱熹的整顿，岳麓书院在教育上和学术上都进入了鼎盛时期。

南宋末年，政治黑暗，庆元年间，统治集团内部展开党派之争，理学也被牵扯进来，理学家被视为“逆党”，纷纷遭到驱逐，这就是所谓的“庆元党禁”，书院也就随之冷落下来。直到嘉定年间，党禁才逐渐解除，理学的地位也慢慢地得到恢复，因此，书院又开始复苏了。宋理宗赵昀即位以后，由于意识到理学在维护封建统治秩序方面的作用，对理学更加重视，对于传播理学的书院也积极扶持。岳麓书院也在这样的环境下逐渐恢复并兴盛起来，淳祐六年（1246 年），宋理宗赐御书“岳麓书院”四字，这是岳麓书院继宋真宗之后，第二次得到御赐的匾额，这对提高岳麓书院的地位起到了重要的作用。

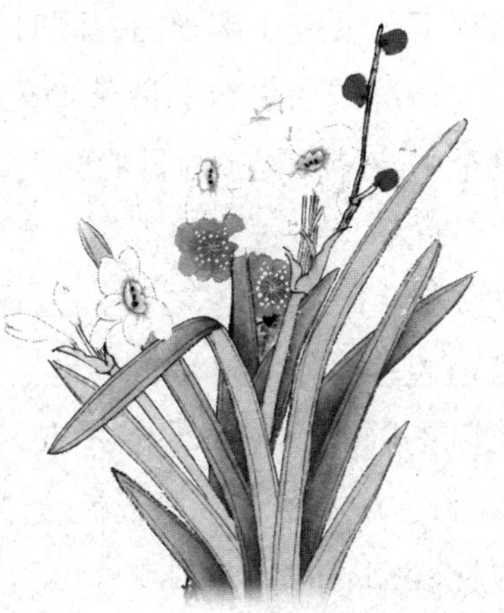

（三）元明时期的延续

正当南宋与金朝、西夏对峙之时，位于金朝北方的蒙古族迅速崛起，在其首领铁木真的带领下，逐渐统一了蒙古草原，随即开始向南发展。1227 年，灭掉了西夏；1234 年，又灭掉了金朝；1271 年，铁木真的孙子忽必烈正式建立了元帝国。元朝建立后，继续马不停蹄地攻打南宋，南宋军民进行了顽强的抵抗，其中也包括岳麓书院诸生。德祐元年（1275 年）九月，元军围攻潭州，战斗进行得异常激烈。在这场斗争中，岳麓书院诸生起初表现得非常镇定，他们在战火中仍然坚持读书。后来，当战斗进行到了紧要关头，他们毅然放下书本，投入到战斗中，大多数都壮烈牺牲，表现出了极大的爱国热情和英勇斗争的精神，岳麓书院也在这场战火中化为废墟。

1279 年，南宋最终在元军的打击下灭亡了，我国再度实现了统一。蒙古族本是生活在北方草原上的游牧民族，虽然在军事上异常强大，但是在文化上却是相对落后的，他们进入中原以后，受到中原的先进文明的影响，逐渐意识到可以在马上打天下，却不能在马上治天下，于是对文教事业采取了保护发展的政策，其中就包括对书院的优惠政策。元至正二十三年（1286 年），元世祖忽必烈下令恢复江南学田，同时，潭州人刘必大开始主持重建岳麓书院。这次重建的情况因为史料的散失而无从考察了，但是可以肯定的是，经过这次重建，岳麓书院又恢复了往日的面貌，又成为文人、学子云集的高等学府。

此后又经过了将近三十年的时间，即延祐元年（1314 年），书院再次因年久失修而破败不堪。这时，郡别驾刘安仁到岳麓书院考察，发现书院房屋倒塌，墙垣脱落，急需整修，于是他便下令对岳麓书院进行重修。刘安仁在重修岳麓书院的同时，又请他的好友，也是元代著名的理学家、教育家——吴澄撰写《重修岳麓书院记》来记录这件事。根据《重修岳麓书院记》的记载，这次重修是比较彻底的，“门厩庖馆，宫墙四周，靡不修完……木之朽者易，壁之墁者

垮，上瓦下，更彻而新”。经过这样的修整，岳麓书院的讲堂、藏书阁、祭祀用的祠殿以及亭台都排列整齐，井然有序。书院的面貌焕然一新，在管理上也更加规范，并且贯彻宋代就确立的“成就人才以传道济民”，而非以科举为目的的教育思想，使本来就历史悠久的岳麓书院在元代享有极高的声誉。

元代末年，爆发了大规模的农民起义。1368年正月，朱元璋率领农民起义军攻克大都（今北京），元代的统治结束了。八月，朱元璋称帝，改元洪武，定都南京，国号大明。

由于元末战乱，岳麓书院于至正十八年（1368年）再次毁于战火。明代建立后，大力发展官学，强化科举考试，并将科举与官学紧密结合。从中央到地方，官学规模扩大，设施完备，待遇优厚，获得了空前的发展，而书院在明代建立后近百年的时间里，却备受冷落，许多著名的书院毁于战火后都无人问津，其中就包括岳麓书院。根据杨茂元《重修岳麓书院记》的记载，岳麓书院在明初一直处于“破屋颓垣，隐然荒榛野莽间”的境地。当时有人留下一首诗叫《书院废迹》，就是描写这种情况的，这首诗是这样写的：“峨峨岳麓山，前贤读书处。世远人亦亡，遗基尽荒秽。尤丰北海碑，尚有南轩记。公暇一来过，徘徊发长喟。”

明代中叶，官学出现了衰退的迹象，教师短缺，在任的人不足以为人师表，有能力的人又嫌这个职业不受重视，不愿到官学中就职。这时，科举也开始腐败，考试中作弊的现象非常严重，使人们对它失去了信心。官学的衰退使人们又将注意力转移到书院上来，有识之士纷纷开始着手恢复书院，渐渐形成一个高潮。就是在这样的背景下，岳麓书院也开始重建。明宣德七年（1432年），由江西人周辛甫出资捐修了岳麓书院讲堂。此后又过了三十多年，长沙知府钱澍再次兴复岳麓书院，但这次修复也只是修建了礼殿和麓山寺碑亭，和宣德七年那次修建一样，并没有恢复岳麓书院的教学活动。

又过了二十多年，到了明朝弘治年间，陈钢和杨茅元再次重建岳麓书院，这次重建才可以说是明朝岳麓书院的真正兴复。陈钢在弘治年间任长沙府通判，因监修吉王府有功，吉王要赏赐他，他没有接受，只是请求吉王重修岳麓书院，

吉王答应了。于是从弘治七年（1494 年）开始动工，次年完工。经过这次重建，岳麓书院的规制虽不如前代，但也初具规模。杨茂元在弘治年间任长沙府同知。他与陈钢交往甚深，对陈钢修复岳麓书院的做法极为赞赏。弘治九年（1496 年），他与知府王瑫在陈钢重建的基础上，又对岳麓书院进行了扩建，“辟道路，广舍宇，备器用，增公田，储经书”，由此书院基本恢复旧观，完备了重新开学的条件，结束了岳麓书院百年荒芜的局面，又渐渐兴盛起来。

此后，又过了十年，到了明朝正德年间，岳麓书院又有一次扩建，而这次扩建与佛、儒两股势力的斗争有关。在中国古代历史中，儒、佛这两种势力一直存在一种相互竞争的关系，而且在不同时期，他们的力量互有消长。在明代中叶，在儒、佛之间的斗争中，儒学取得了优势地位，儒长佛消的现象成为当时社会的一种普遍情况。因此，在明代正德二年（1507 年），出现了毁寺扩院的事情。当时是由守道吴世忠根据长沙指挥杨溥和长沙府县生员何风等人的建议，率领府、卫、县官以及书院师生，对岳麓书院进行了一次大规模的扩建。在这次扩建中，吴世忠下令拆毁被视为“淫祠”的道林寺，将道林寺的木石砖瓦运到岳麓书院作为扩建的建筑材料，并根据所谓“风水”的需要，对岳麓书院做了一次全面的勘测规划。虽然这是出于一种迷信的思想，但经过这次勘测，调整了书院大门的朝向以及道路的安排，却也体现出了书院建筑群体与岳麓山的地势和风景条件的有机结合，突出了书院在岳麓山的中心地位，也更加表现出了岳麓山的景观特色。

到了明嘉靖初年，刚刚即位的明世宗对文教事业非常支持。他尊崇孔子、朱熹，重视科举，他既提倡程朱理学，又不反对心学，也不干涉自由讲学，使当时的学术气氛非常活跃。明世宗对岳麓书院很是赞赏，在嘉靖七年（1528 年），他赐书给岳麓书院，并在岳麓书院置山长。嘉靖九年（1530 年），他又赐给岳麓书院“敬一箴”。敬一箴是明世宗为宣扬儒学而作的箴言，只有具有一定地位的学府才有资格得到它，明世宗将“敬一箴”颁赐给岳麓书院，说明他对岳麓书院是非常肯定和重视的。在这种形式下，岳麓书院逐渐兴盛起来，出现了“振美一时”的局面。

但不久以后，为了防止湛若水、王守仁等学者在东南地区聚众讲学而逐渐形成政治上的势力，同时也是为了挽救官学的衰败局面，明世宗改变了对书院的政策。嘉靖十六、十七年间（1537–1538 年），他下诏废弃书院。但是当时的长沙知府季本并没有执行朝廷的命令，而且岳麓书院有御赐的书籍和“敬一箴”，使岳麓书院在这次毁院禁令中并未受到影响，反而有所发展。季本在这次禁令下达之后不久就大力修整岳麓书院，他下令修葺了大成殿等许多建筑，还清理了岳麓山上的官道，增置学田，使岳麓书院的规模又有所扩大。

（四）清代的演变

1644 年，李自成率领的农民军攻陷北京，明崇祯皇帝自缢于景山，李自成在北京建立了大顺。后来，崛起于我国东北的清政权入关，打败了李自成，定都北京，改年号为顺治。

顺治年间，反清复明的势力比较强大，清朝的统治受到很大的威胁，清朝统治者便推崇理学，大兴科举，创办学校，以此来笼络人心，消除反抗情绪。于是各级官学迅速恢复并发展起来。而对于书院，清朝统治者唯恐明末民族主义思想和自由议论朝政的风气复活，也怕书院聚众讲学，在政治上形成一种势力，因此对其采取了抑制政策。顺治九年（1652 年），清朝发布诏令，禁止教官和儒生创立书院，聚众结党，空谈废业。对于已经存在的书院，则颁发“卧碑”（就是规定不许书院生员对国家大事上书陈言，也不许立盟结社，不许将自己的文章任意刊刻发行等等，否则送往官府治罪）。然而，书院已经发展了几百年，具有深刻的社会影响，因此，许多人提出修复书院，使政府禁止书院的政策无法推行下去，于是开始慢慢地有所松动，各地书院逐渐得到了恢复。岳麓书院作为天下闻名的书院，在这一时期也有一定的恢复，但是，在“卧碑”的压制下，书院的学术精神无法获得真正的发挥，因此又慢慢地衰落下去。

康熙七年，在湖湘子弟的要求下，岳麓书院曾得到修复，但是在不久之后的康熙十三年，吴三桂发动叛乱，岳麓书院又在战火中遭到严重破坏。十年之

后，丁思孔任湖南巡抚，他率领属下以及士绅对岳麓书院又进行了大规模的重建，还聘请郭金门为山长，招揽学生，当时来岳麓书院读书的人越来越多。这时，丁思孔担心，如果岳麓书院没有朝廷的认可，必然不能长久地维持下去，于是，他多次上书请求皇帝御赐匾额和书籍。康熙二十六年春，康熙帝御赐“学达性天”匾额给岳麓书院，并赐十三经、二十一史以及其他经书讲义。从此以后，岳麓书院又再次兴盛起来。

雍正年间，清政府对书院的政策由消极压制转向了积极扶持，雍正帝还给各省书院赐帑金一千两，作为办学的费用。湖南省除了岳麓书院以外，原长沙府城南书院也升为省城书院，与岳麓书院共分得朝廷所赐的帑金一千两。乾隆年间，对于书院的发展继续进行扶持。岳麓书院长期以来，以传习朱张之学为正宗，这与清朝统治者的需要是一致的。乾隆八年，蒋溥任湖南巡抚，他在岳麓书院鼓吹正学，并上书请求乾隆赐额，以树立榜样。因此，乾隆帝赐书“道南正脉”匾额，以表彰岳麓书院传播理学的功绩，这在当时是莫大的荣耀，也是对岳麓书院地位的肯定。

清政府对书院的政策从抑制走向扶持的过程，其实也就是逐渐将书院引向官学化的过程。书院本来是由私人组织办学的，但是到了清朝，政府对书院管理有着严格的制度，使政府对书院的发展方向有了全面的掌控。岳麓书院从创立之始就带有官办的性质，因此，在清朝书院官学化的浪潮中，它比一般书院更早地发生了转变。首先，岳麓书院的教学逐渐与科举结合起来，所教授的内容多是科举文章，地方官吏也不时地到书院进行考课；其次，岳麓书院山长的任免也被政府所掌控，而且还在书院增设了“兼理”“司管钥”“兼院”等职位，以便加强对岳麓书院的控制；再次，书院的学生也不能像过去自由讲学时那样来去自由，而是要经过官府严格的考查才能入学；最后，清政府还通过拨给经费、赏赐等方式从财政上加强对岳麓书院的控制。上自皇帝下至地方官的支持，使岳麓书院成为在全国有着重要影响的教育中心。

到了清朝末期，中国的封建专制主义制度已经逐渐走向了没落，而为其服务的官学化的书院也无法逃脱衰败的命运，越来越不能适应时代的潮流，因此，

改革成为一种必然的趋势。从光绪二十二年（1896年）开始，清政府根据改革派的建议，多次下令对书院的课程进行改革。当时任岳麓书院院长的王先谦也将岳麓书院的课程改为经学、史学（附舆地）、掌故、译学、算学等五门，可见，书院已开始慢慢地向近代学校过渡。刑部侍郎李端棻向光绪帝呈上《请推广学校折》，明确提出主张将书院改为学堂。光绪二十四年五月，清政府诏令："将各地省府州县现在之大小书院，一律改为兼习中学西学之学校。"

这一年的八月，随着维新运动的失败，各地学堂又改回了书院，如：光绪二十五年二月，时务学堂被改为求实书院。光绪二十六年，八国联军攻占北京，清政府与其签订了丧权辱国的《辛丑条约》，这更加激起了人们救亡图存的热潮，于是，新政之议再次兴起。光绪二十七年，湖广总督张之洞与两江总督刘坤一联合上《变通政治人才为先折》，主张将书院改为学堂或学校。清政府采纳了张、刘二人的主张，下令："各省所建书院，于省城改设大学堂，各府及直隶州改设中学堂，各州县改设小学堂。"此时的湖南巡抚俞廉三思想比较保守，因此，湖南改书院为学堂的行动较为迟缓。光绪二十九年三月，新任湖南巡抚赵尔巽到任，他是积极主张改革的。不久之后，他就奏请将岳麓书院改为湖南高等学堂，并将原来的时务学堂、求实书院、湖南大学堂等并入其中。至此，岳麓书院终于演变为新式学堂，迈向近代教育的新阶段，后来又几经合并、更名，最后成为了今天的湖南大学，它的校区以岳麓书院为中心而得到迅速的发展，到现在已经成为一所理、工、文、管、商多学科协调发展的综合性大学。湖南大学继承了岳麓书院千年办学的优秀传统，成为一所既有千年历史又在国际国内享有一定声望的现代新型大学。

二、教育传统

（一）教育思想的形成与发展

岳麓书院作为一种书院教育，虽有一般书院的教育特点，但又有自己独特的教育理念，而岳麓书院形成富有特色的教育传统，是在南宋时期张栻主教时奠定的基础。

张栻是著名的思想家和教育家，他的教育思想对岳麓书院产生了深刻的影响。张栻教育思想的核心在于人才培养目标的确定上。他在《岳麓书院记》一文中，为人才培养的目标做了描述，他说："岂特使子群居佚谈，但为决科利禄计乎？盖成就人才以传道而济斯民也。"也就是说，学校的办学思想，不应该是作为科举考试的附庸和跻身仕途的跳板，而不重视对学生品德的培养，反对把书院看做是取得功名利禄的场所，提倡把教育与治国平天下的经世济民活动联系起来，以培养出"得时有道，事业满天下"有用之才。张栻的教育思想在当时的历史条件下是有着积极意义的，他的思想也奠定了岳麓书院教育思想的基础，以后虽有所发展，但始终未离开张栻思想的影响。

张栻的人才培养目标，被以后的岳麓书院院长们所继承，培养经世致用的人才成为岳麓书院办学的重要传统。岳麓书院在近千年的发展历程中，曾多次修复和重建，而几乎在每一次修复和重建时都要重新提出办学的宗旨。如元代刘必大重建岳麓书院时，就曾把"熟于记诵，工于辞章，优于进取"作为弊病，提倡把它革除掉，这就是对张栻教育思想的继承。对于将科举作为办学目的的弊病，岳麓书院一直是十分反对的，直到清朝的最后一位院长王先谦，仍在坚持岳麓书院的办学传统，反对将书院作为科举的附庸，反对教育专于八股之艺。他指出"所务在名，所图在利"是把学生引向了歧途，主张引导学生从功名利禄的羁绊中解脱出来，而治经世致用之学。

对于张栻提出的教育思想，以后岳麓书院的院长还对其进行了发展。清代岳麓书院院长欧阳厚均就是其中之一。他提出，既要让学生立志做一个经世济民的有用的人才，又要让他们具备应变社会生活的能力，这种思想实际上是提倡在培养作为官吏的人才之外，还要培养各种实业人才，这无疑是在张栻的教育思想上，又有了进一步的发展。

（二）教育方法的形成与特色

岳麓书院在其培养经世致用之才的教育思想下，形成了其独具特色的教育方法。

首先，岳麓书院始终把学生的品德培养放在首位。张栻曾说："尝考先王以建造士之本意，盖将使士者讲夫仁、义、礼、智之彝，以明夫君臣、父子、兄弟、朋友之伦，以之修身、齐家、治国、平天下，其事盖甚大矣。"为了严格地对学生进行品德教育，岳麓书院把儒家经典作为基本教材，并将"忠孝仁爱"作为校训，到清代时发展成"整齐严肃""实事求是"。如果说南宋时期岳麓书院还偏重于道德知识的灌输，那么明清时期则更注重于道德实践，重视在行为上用道德修养来规范学生，把儒家的教义变成学生的行为准则。清代岳麓书院的山长王文清曾制定过一个岳麓书院的学规，这就是后来著名的《岳麓书院学规》十八条。在这十八条学规中，有十条谈的是学生必须遵守的行为准则，这十条分别是：（一）时常省问父母；（二）朔望恭谒圣贤；（三）气习各矫偏处；（四）举止整齐严肃；（五）服食宜从勤俭；（六）外事毫不相干；（七）行坐必依齿序；（八）痛节讦短毁长；（九）损友必须拒绝；（十）不可闲谈废时。由于岳麓书院一直坚持严格的道德教育，于是造就了大批具有良好道德修养的学子，涌现出了很多对社会有用的人才。

其次，岳麓书院注重激发学生学习的主动性。张栻曾提出，人和万物的区别就在于人是有知觉之心的，这种知觉之心使人在学习上有一种思考的精神，

如果只学习而不思考，则“无所发明，罔然而已”，因此培养学生的思考能力是非常重要的。

岳麓书院在张栻之后的诸位院长也很注意培养学生的主动精神。如清代的院长李文照在其制定的《岳麓书院学规》中就提出，学生在学习的过程中要有怀疑精神，遇到不解的问题不要把这种疑惑放在心里，要思考，要向老师和所有高明的人请教；学习儒家经典的时候，也要联系其他的知识加以理解，要把先贤的各种解释集合起来，经过思考提出自己的见解。因此，岳麓书院在教学过程中，不仅重视教的方面，也很重视学的方面；不仅重视学生学到了什么，更重视学生学习之后自己的发明和创造。

再次，岳麓书院还非常重视对学生实践能力的培养。张栻曾提出“学贵力行”的主张，并被以后历届院长所继承和发扬。如清代院长王先谦，虽然在政治上持保守立场，但他也非常反对空谈理论，主张学生读书要能够学以致用。在他的影响下，许多学生走出书斋，投身到社会活动中。

最后，岳麓书院在一定程度上实行了开放式的教学。虽然岳麓书院是以程朱理学作为其正宗，但也并不反对其他学派的学者到岳麓书院讲学，传播自己的理论。先后有闽学、陆王心学、事功学、汉学等学派的学者来岳麓书院讲学，甚至敌对的学派也进入到岳麓书院，如清末康梁的维新思想也曾在岳麓书院传播。这些不同学派在岳麓书院的传播，不仅活跃了学术上的氛围，也在一定程度上使学生有机会接触到不同的思想，有利于学生学术思想的进步。

三、规制演变

所谓规制，就是规范和体制，如岳麓书院是由哪些部分组成的，又是如何进行管理的等等。岳麓书院作为一所具有近千年发展历史的书院，不仅具有悠久的教育传统与学术传统，其规制也是比较完备的，下面我们来介绍一下岳麓书院的管理体制。

（一）规制的形成

岳麓书院的基本规制在北宋李允则进行扩建时就已基本形成了，当时岳麓书院由讲学、藏书、祭祀三个部分组成，构成了岳麓书院的基本格局。

李允则还开辟了水田，供祭祀之用，属于祭田的性质，由此开辟了岳麓书院学田的建设。此后，又增设了“膏火田”“岁修田”等。学田是岳麓书院讲学、藏书、祭祀三大事业的经济基础，是书院经费的主要来源，是保证书院正常运转的重要因素。

（二）规制的发展与演变

岳麓书院的规制自形成以后，又经过了近千年的发展演变，其讲学、藏书、祭祀三大组成部分以及学田的建设都有了不同程度的完善，到清朝时，已经发展得非常完备了。

首先，讲学部分。

清初重建书院，继承了明朝的制度，设有两处讲堂，一名“静一堂”，一名“成德堂”。道光十三年（1833 年）增设湘水校经堂，它在光绪八年（1882 年）迁出以前，一直是岳麓的一个教学组织部分。

清代书院斋舍也曾屡加扩建。初有存诚、主敬、居仁、由义、崇德、广业六斋，长沙知府李拔还为各

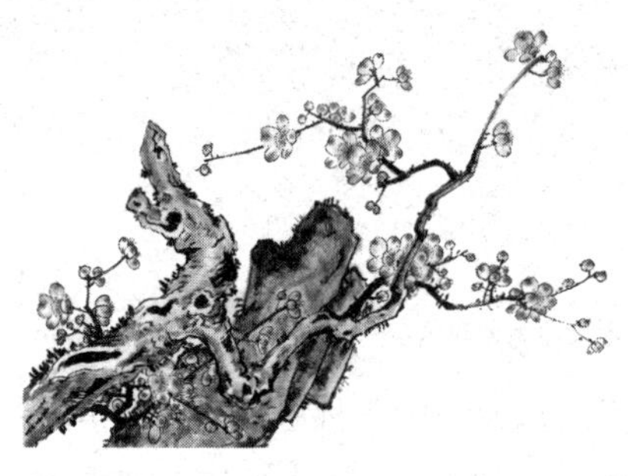

斋作有铭词。至咸丰、同治之间仍是六个斋舍，讲堂之东有二斋，名为进德、居业，西有二斋名曰正谊、明道。进德、居业又分二斋于文昌阁之右。同治七年（1868 年），书院为清代最后一次大修，将斋舍调整成进德、正谊、明道、居业四斋，扩至一百一十四间。另有半学斋为山长住处。

清代学生，分为正课和附课两种。乾隆五十年（1785 年），定正课生五十名，附课生二十名，同年正课生增至六十八名，附课生增至三十五名。嘉庆七年（1802 年），又增附课生三十五名，其后保持不变，额外有时也收游学之士。因而，住院生一般保持在一二百人之间。

其次，组织系统。

清代岳麓书院的组织系统中，包括以下一些人员：

山长，即书院的主持者，有时又叫“馆师”“掌教”，乾隆三十年诏谕正名为“院长”，但习惯上仍多称山长。负责书院的组织管理和主要教学工作，同时还有权约束岳麓寺庙住持僧众及附近居民，真可谓一山之长。清初，山长多由巡抚从书院学生中选“老成者”充当，康熙以后则聘用德高望重的人，如李文厢、王文清、罗典、袁名耀、欧阳厚均、王先谦等，均为一代宗儒。

监院，管理书院财政、图书、生徒膏火奖赏、管理人员之考核与罢选等日常事务，但其主要责任还在督导生徒，考其言行，协助院长工作。也可直接与巡抚、学政联系，传达其指令，实际上又是地方政府管理书院的代表，负有监视山长的特殊使命。监院设置以前，康熙年间设有“董戒”，雍正年间有“司管钥”，乾隆初有“兼理”或“董理岳麓书院教官”等，都由政府正式命官担任。

学长，这是“新学”进入书院后增设的教职。光绪末年，岳麓改课程为经学、史学（包括舆地）、掌故学、译学、算学五科，每科聘学长一人掌教。

驿道书办，乾隆二十八年（1763 年）前后设有此职，责任为承办书院文册。

学书，与驿道书办同期设置。

首士（事），书院所有收支出纳、房舍修理、基建部署、朱张渡的管理及书院门役斋夫的招选等，都由首士具体负责。其人选一般由地方绅士公推。

斋长，斋长由住斋生徒中产生，每斋一人，或两斋一长。主要是督促诸生学习，在生徒与山长间起联系作用，同时还协助监院、首士管理书院财务，考核斋役、门夫等。同治年间，增加了“协理斋长”来协助斋长工作。

助监院，首士管理书院财物，稽核斋役门夫等。同治年间，又设置“协理斋长”会同斋长工作。

门夫，设一人，负责大门、前台、两辕门的漏湿排检、沟水疏通及本区卫生等。

堂夫，设一人，负责讲堂、二门、两苑的检修、湿漏、沟水及卫生等。

斋夫，每斋设一人，负责各斋炊事，各司打扫卫生、保管财物之责。另外监院内外、成德堂、讲堂两旁之日新、时习斋的卫生、检修也由各斋夫分担。

看司，一人，巡视、打扫、检修学斋及圣庙、文昌阁、崇圣祠、岳神庙、四箴亭、濂溪祠、崇道祠、六君子堂、山斋、校经堂等。

看碑，一人，管理看守自卑亭、极高明亭、道中庸亭、禹碑、北海碑等。

看书，一人，检修、打扫御书楼，看管、晾晒书籍。

更夫，书院东西两区各设更夫一人，负责夜晚巡视打更。

以上是岳麓书院各职事的基本情况，但不同时期，其组织和人员均有所不同。

第三，藏书和图书管理部分。

康熙二十五年（1686 年），兴建御书楼。到嘉庆末年，藏书达到一万零五十四卷。咸丰兵火后，同治年间又恢复，增藏至一万四千一百三十卷。光绪二十四年（1898 年），熊希龄等捐赠一百二十种 “新学”图书，标志岳麓书院的藏书建设开始进入一个新的阶段。

书院藏书的来源极为广泛，大体可分为皇帝赐书、地方政府拨款购置、书院自置、社会人士捐置等途径。岳麓书院在宋、明、清三代都曾请得皇帝赐书，虽然数量不多，但影响重大。它作为最高统治者的嘉赏，增加了书院的荣耀，亦因此倡导社会捐助，促进了书院的藏书建设。地方政府奉令拨款为书院捐书的记载，始见于清代。乾隆元年，礼部复准“各省督抚动用公银两，购买《十三经》《二十一史》，发教官接受收贮，令士子熟习讲贯”。乾隆九年，

又令“督抚行令司遭各员，于公用内酌量”给书院置办书籍。嘉庆二十五年，湖南巡抚李尧栋动用“公帑五百缗”，为岳麓添置大批图书，为此他还写了《岳麓书院藏书记》。据《岳麓书院新置官书总目录》记载，其时书院藏书“共三百三十函，计三百八十七部，三千二百七十一本，统计一万零五十四卷”，除去以前收藏由私人捐置的《御纂周易折中》等十二部书外，其余都是这次官款公置的，以部数计，它占总数的96.8%，可见当时公置藏书在岳麓书院占有重要比例。社会人士的捐献是岳麓书院藏书的又一个重要来源。嘉庆年间，为了丰富书院的藏书，议订了《岳麓书院捐书详议条款》，动员地方文武官员、士绅学子捐置书籍。咸丰初年，太平军攻打长沙，书院藏书荡然无存。战后，院长丁善庆积极着手恢复藏书，带头捐献《御制日讲四书解义》《御定佩文韵府》《十三经注疏》《困学纪闻三笺》等八百六十二卷。因此带动士绅学子纷纷捐献。如湘阴人李桓一次就捐置了《四库全书提要》《资治通鉴》《钦定礼记义疏》《金石萃编》《王忠文公全集》《类书纂要》《日知录》《史记》等三十六种书籍，计两千余卷。长沙清末数学家丁取忠将自己著述编辑的《度里表》《数学拾遗》《算学丛书》二十一种捐给岳麓书院。湖南督粮道谢煌捐《约书》二部，湖南巡抚李瀚章送《御纂周易折中》等八部书。外地官绅也踊跃献书，如浙江巡抚湘乡人杨昌浚捐置《新唐书》《旧唐书》《七十三经古注》等十三种图籍，曾国荃献《王船山遗书》一套，计二百七十卷。捐献者大多为书院毕业或在籍生徒，他们慷慨捐赠，表现出对岳麓书院的深厚感情。由于各方人士的关心，至同治七年，在不到十六年的时间内，岳麓书院藏书又达到一万四千余卷，超过了嘉庆末年的藏量，其中九千三百余卷是官绅士民捐送的，占总数的65.9%，可见，这是岳麓书院后期藏书的主要来源。光绪二十四年，熊希龄、蒋德钧、刘麒祥等又捐入《电学》《数学理》《东方时局论略》《铁甲丛谈》《保富述要》《数理精蕴》《弦切对数表》《工程致富》《类症活人书》《炼石篇》《美国水师考》《海军调度要言》等反映“新学”内容的“西书”计一百二十种，四百余本。私人所捐书籍，因为时间和捐献者社会地位、学术水平、爱好等不同而各具特色，从而形成了岳麓藏书内容广泛丰富的特点，特别是学者们有的捐赠

自己的学术著作，反映了最新的研究成果，更有利于促进书院学术交流，提高研究水平。

第四，祭祀部分。

在清朝嘉庆以前，岳麓书院一共设置祭祀场所十五处，嘉庆年间又增加了十二处，同治年间设置欧阳厚均专祠，光绪初年又增加了王船山祠，前后相加，计有二十九处之多，受祀者将近百人，这在全国书院中是十分罕见的。

在岳麓书院的祭祀群中，既有理学大师，如周敦颐、二程（即程颐、程颢）以及朱熹、张栻等，又有对岳麓书院的建设和发展做出贡献的有功之人，如欧阳厚均、李中丞、丁思孔等，还有传说中掌管士人功名禄位之神——文昌帝君。嘉庆初年岳麓书院受祀群中还增加了屈原和汉代大儒司马迁，而且后人还为到底应该祭祀周敦颐还是司马迁进行了一些争论，这也清楚地反映了当时岳麓书院的传统学术与汉学之间的矛盾。

第五，学田与经费。

明清之际，社会再次动乱，岳麓书院在明代艰苦积累的学田，又为豪势之家所占。丁思孔重建书院时，一切又只得从头做起。

清代岳麓书院的学田建设，像明代一样，得到了社会人士的极大关注，虽然时有见利忘义之徒侵占，但随即查出清复，而且重义助学之士大有人在，因而清代岳麓书院学田基本恢复了原有数目。较之明代，学田种类增加，整个书院经费来源中商品经济因素越来越大，又成了清代学田（包括经费）建设中的两个特点。

清代学田名目很多，有膏火田（又叫食田）、祭田、岁修田、朱张渡食田等。岳麓生徒的膏火由“膏火银”和“月米”组成。膏火田即是“月米”来源之所在，到同治年间，书院膏火田有 1595.5 亩，田亩比明代少 500 来亩，但租额却大大超过明代。学田分散于各地，如宁乡县有三处，计 250 亩，长沙县有十九处，计 552 亩。租谷也由各地官府代为“经理”收受，由善化县碾成米后连同每月的膏火银一起发放到岳麓书院。“膏火银”则类似现在的助学金，正课生每月一两，附课生减半，其经费来源主要是公款，经营方式则是将公款贷给商户，然后再由书院收取息金。

岳麓书院院长的食米供应（类似于院长的工资）来自于“院长食米田”，由书院直接管理。另外，书院各项设施的维修经费，原本是由官府负责支出，后来书院设置了“岁修田”，作为书院维修经费的来源，由书院直接管理。

岳麓书院还有祭田，是为解决书院的祭祀费用而设置的。明代时有道乡祠祭田四十亩，清代时增加了文昌阁祭田六石，收租四十一石，三闾大夫祠祭田十石，收租一百石。到同治六年（1867年），郑敦谨等又捐款四十千文，作为欧阳山长祠的祭祀费用。岳麓书院在清代设祀很多，地方政府每年从道库拨银若干以资香火。但仍不够用，每到祭祀的时候，就由已经肄业的学生捐助。嘉庆元年（1796年），岳麓书院生欧阳厚垣等人捐银两百两，交商以每月一分五厘生息，每年获银三十六两，以供春秋之祀费。

上述学田的设置，反映出清代学田建设的盛况，也从一个侧面反映出岳麓办学规模之大。同时，我们还看到，这种“田”已扩大至商品经济领域，与明代的货币地租相比又进了一步。这些款项，对于书院的发展起了很大作用。如嘉庆七年（1802年），湖南盐法道达明阿与布政使通恩合捐白银四千两，以月利一分二厘交长沙、善化两县“典商”经营，每年获息银六百八六十八两，于是岳麓书院又扩招附课生三十五名，城南书院则扩招附课生二十五名，童生附课生十名。

另外，岳麓书院的经费开支情况现在已经无法全面地统计清楚，但是通过对一些资料的考察可以发现，岳麓书院的各项经费支出有这样一个特点：即教育经费要远远多于管理经费。教学人员和管理人员的薪金悬殊很大，“教职”远远高于“行政”人员。以院长和监院而言，他们分别是书院的教学与行政首领，但院长的束修金就相当于监院全部薪俸的十倍，以总额论，院长的年俸要比监院多十三至十四倍。一个充当斋长的正课生，每年实际收入与监院不相上下，其他办事人员和后勤管理人员比书院生徒的膏火钱还要少。总的来说，岳麓书院的教育经费在各项总开支中占到90%以上，而管理经费还不到10%。

四、学术传统

岳麓书院不仅是培养人才的重要基地，也是研究学术的重要基地，因此，它不仅凝聚了中国教育的优良传统，同时也具有悠久的学术传统，它以包容的精神吸纳了各种学术派别在此讲学、交流，使岳麓书院形成了开放、活跃的学术氛围，在中国古代的学术发展史上占有重要的地位。

（一）岳麓书院与湖湘学派

湖湘学派是理学中的一个重要学派，主要创始人是胡宏，张栻是胡宏的学生，他主教岳麓书院，广收门徒，奠定了湖湘学派的规模。因此，南宋时期，岳麓书院是湖湘学派的基地，岳麓书院的发展与湖湘学的发展是紧密联系在一起的，岳麓书院能有南宋之兴盛，恰恰在于湖湘学的兴盛。

湖湘学派的学术思想支配岳麓书院近千年，代表了书院的学术传统。从总体上看，湖湘学派是以北宋的程颐、程颢创立的理学为其学术渊源，属理学中的“道南系”。但是，湖湘学派又不是理学的正统，在理学的许多基本问题的认识上与二程理学持歧见，具有非正宗理学的明显倾向。如：在对宇宙本体的认识方面，就存在着明显的分歧。理学以“理”或“心”为宇宙本体，而湖湘学派是以性为宇宙万物的根源，性存在于宇宙万物之先而又派生宇宙万物，是一种脱离客观物质世界而永存的抽象原则。从本质说，“性”与“理”是相同的，都属唯心主义范畴。但在性与理、性与心的关系上，湖湘学与理学的认识则是不一致的。理学把理、性、命视为一回事，而湖湘学派虽承认性、理都属天命，性、理与天命有直接联系，但并不以为二者就是一回事。湖湘学派认为“性”具有宇宙本体的属性，而“理”，则不具有这种属性。具体地说，理是“物之理”，即事物的规律，也是“伦常之理和治世之理”，因此湖湘学派说：“以理义服天下易，以威力服天

下难。理义本诸身，威力假诸人。”这与正宗的理学是存在差异的。另外，在理学家普遍关心的人性论问题上，湖湘学派与程朱理学也存在明显的分歧。胡宏反对以善恶来判断人性，认为性无善恶。张栻虽然不完全同意胡宏的观点，他主张性本善，但与程朱的性只指人性而不包括动物在内不同，他认为人和动物都是性本善的。不仅如此，张栻与程朱理学还不同的是，他认为恶不是先天的，人的本性先天都是善的，而恶则是后天产生的，不能因为现实的、个体的人存在着善恶的差别，就说人性像董仲舒所认为的那样存在着先天的“性三品”，由此提出先天人性平等论。所有这些，都表明湖湘学派虽属理学体系但又表现出非正宗理学的明显倾向，表观出湖湘学派在理学中的学术特色。

湖湘学派虽只存在于南宋时期，为时并不长，但它的学术思想流传千年，深刻影响了湖湘文化的发展。有人说岳麓书院是湖湘学派形成的摇篮和基地，此说确有一定的道理。

（二）岳麓书院与“王学”

自南宋之后，岳麓书院始终是重要的学术基地。王学是继南宋湖湘学派之后，在岳麓书院的一个重要学派，也是岳麓书院又一个学术繁荣时期。明代弘治初年，岳麓书院再兴，学术亦随之大振，王学大师王阳明讲学岳麓，开始了王学在岳麓书院的传承。继王阳明之后，岳麓书院成为王学的重要活动基地。紧接王阳明之后而来岳麓讲学的是王门弟子季本、罗洪先、张元汴、邹元标等人。

岳麓书院的王学具有与湖湘学相融合的显著特点，而作为正统的王学则不是这样。王学在岳麓书院传播期间，不但不排斥湖湘学（相反的湖湘学仍然被尊为岳麓的学统），而且，王学在岳麓湖湘学的影响下，在一定程度上得到了改造，成为被湖湘学改造了的王学。在王门弟子中兼收朱张之学并不是个别的情形，像王门高徒张元汴、邹元标、季本、罗洪先等，都在不同程度上吸收了湖湘学术思想。另外，王学是极端的主观唯心主义，高谈自悟本体，为当时学者

所批评，都说王学是“空谈误国”。然而，在岳麓书院的王门弟子则受湖湘学之影响，如季本，不求空谈学术，重实用之学；再如罗洪先，虽出王门，但他对天文、地志、边塞、战阵等经世致用之学无不精究，对其他国计、民情也十分关心。总之，所有这些固然反映了王学内部的分化，但也反映了岳麓书院王学的特色，反映了在岳麓书院传播的王学与湖湘学相融合的特点。岳麓书院虽传播王学，但它始终没有王学空谈良知的陋习。所以在一定意义上说，岳麓书院的王学是被湖湘学改造了的王学。

（三）岳麓书院与汉学

清乾隆、嘉庆年间，中国学术界的主流转向于重视诂经考史的汉学思潮。他们倡导东汉古文经学那种实事求是的治学精神，张扬一种对《六经》的理性主义态度，故而将中国古典主义的学术文化发展到一个新的阶段。岳麓书院又成为清代考据学派的重要学术基地。岳麓书院山长王文清便是汉学的代表人物，此后，岳麓书院的许多山长如李文照、王先谦等都是当时著名的经学家，他们在岳麓书院大倡汉学。汉学在岳麓书院极盛一时。

然而，汉学在否定宋学的空谈学术时却走到了另一个极端，刻意于名物训诂，寻章摘句，极为繁琐，而经义则被埋没于考据之中，更有甚者走到玩物丧志的地步。但岳麓书院所传汉学则与此不一样，有它自己的突出特点。比如，王文清虽是汉学之兴的开端人物，但他在教学中很注意把研习经史和通晓时务相结合，他还写了《读史六法》来训导学生。可见，王文清不是唯《六经》为是，而是也重视史学，并要求学生通晓礼乐、兵法等致用之学。由此说明，经世致用的湖湘学风仍为清代岳麓书院的山长所继承和发扬。

王先谦是继王文清之后，岳麓书院最著名的经学大师，曾有“季清巨儒，著书满家”的称誉。他任岳麓书院山长达九年之久，他治经学不拘泥于考据，不醉心于名物训诂，相反，他很重视学以致用。他

很注意时务，并把宣扬维新变法的《时务报》作为学生的必读教材，并且对学生说："士子读书，期于致用。近日文人，往往拘奔帖括，罕能留意时务。"

在王先谦、王文清等经学大师的影响下，岳麓书院因而有汉学之盛，并建有专攻经学的校经堂，力诽宋学之空疏，但它并没有走到名物训诂的极端。如果说湖湘学的经世致用的学风渗透到了明代岳麓书院的王学中，那么清代岳麓书院的汉学则是继承和发扬了湖湘学经世致用的传统。

纵观岳麓书院千年学术，虽然各个历史时期各有其理论形态和学术特色，但它始终是重要的学术中心之一。尤其值得注意的是，在岳麓书院千年学术史中，始终贯穿着经世致用的学术传统，为各个朝代的山长所继承。

五、名人简介

岳麓书院作为中国古代历史上闻名天下的学术基地与教学基地，在近千年的历史中，涌现出了不计其数的人才，其中有在学术上取得重要成就的著名学者，也有治国安邦、锐意改革的政治家，至今岳麓书院还悬挂着“惟楚有才，于斯为盛”的对联，意思是说，楚地是出人才的地方，岳麓书院更是人才聚集的场所，可见岳麓书院出人才是有目共睹的事实。下面就对岳麓书院在各个时期涌现出的著名的历史人物及其思想进行简要的介绍，对我们了解岳麓书院的历史也是有一定帮助的。

（一）张栻

张栻，南宋理学家、教育家。字敬夫，一字乐斋，号南轩，蜀州绵竹（今属四川）人。以荫入仕，历任直秘阁，知抚州、严州，吏部郎兼侍讲、左司员外郎，知袁州、靖江府，荆湖北路转运副使，知江宁府，右文殿修撰等职。勤职忠君，反对议和，力主抗金。与朱熹、吕祖谦齐名，时称“东南三贤”。曾在碧泉书院师从胡宏，学成后在长沙城南妙高峰下建城南书院，并与二三学者讲学其中。乾道初年，知潭州刘珙修复岳麓书院，特聘他主教岳麓，讲公私义利之辨，闻者风动。朱熹自闽至，与他讲学论道，听讲者多达千人。他们在长沙论学未穷，继而书信辩疑不绝，往来论辩切磋，相互引为道学挚友。

张栻的思想体系博大精深。哲学上以“太极”为最高范畴，提出“太极混沦，生化之根；阖辟二气，枢纽群动”（《南轩文集·扩斋记》）。并认为“太极，性也”（《答周允升》）。继承其师胡宏性本论的学术特点，又认为“人之心，天

地之心也。其周流而该遍者，本体也”（《桂阳军学记》）。未能在哲学本源问题上形成一致观点，反映其兼容并蓄的思想特色。认识论上主张知先行后，“所谓知之在先，此固不可易之论”（《答吴晦叔》）。又认为学贵力行，须知行互发，“近岁以来，学者失其旨，汲汲求所谓知，而于躬行则忽焉。本之不立，故其所知特出于臆度之见……未知二者互发之故也”（《论语解序》）。认为天命之性“纯粹至善”，而人与人之间的品行差别则根于“气禀”，通过学习与教育，“气禀之性可以化而复其初”（《孟子说》卷六）；“惟局于气禀，迁于物欲而天理不明，是以处之不尽其道，以至于伤恩害义者有之。此先王之所以为忧，而为之学以教之也”（《彬州学记》）。反对为学以“科利禄计”，应以“传道而济斯民”为目的。主张学习儒家经典，要“先于义利之辩”（《孟子讲义序》）。注重力行求实，反对空谈虚诞。“善学者，志必在乎圣人，而行无忽于卑近；不为惊怪恍惚之见，而不合乎沈潜缜缤密之功”（《宋元学案·南轩学案》）。初偏重“省察”功夫，后与朱熹反复论难，认为“存养、省察之功，固当并进，然存养是本”（同上）。主张“主敬穷理”，指出“居敬、集义，工夫并进，相须而相成也”（同上）。黄宗羲说：“甫轩之学，得之五峰。论其所造，大要比五峰纯粹，益由其见处高，践履又实也。”（同上）著有《南轩文集》《论语解》《孟子说》等。

（二）朱熹

朱熹（1130-1200），字元晦（一作仲晦），号晦庵，人称紫阳先生。南宋理学家、教育家，江西婺源人。父亲朱松与岳飞是同一时期人，曾得充福建政和县尉小官，携全家赴任，后调任尤溪县尉。宋高宗建炎四年（1130 年）朱熹出生于尤溪，降世不久，其父升任朝廷秘书省正字职，但因反对秦桧主和，被逐出朝廷。朱松回到福建建阳家中。朱熹随父在建阳度过了他的童年。

朱熹自幼勤奋好学，立志要做圣人。李侗曾赞扬他：“颖悟绝人，力行可畏，其所诧难，体人切至，自是从游累年，精思实体，而学之所造亦深矣。”并

说朱熹“进学甚力，乐善畏义，吾党罕有”。（《年谱》卷一）朱熹仕途非常坎坷，做官清正有为，他主张抗金，并强调备战，被主和派韩侂胄等视为“伪学”。朱熹一生从事理学研究，又竭力主张以理学治国，但却不被当道者所理解。平生广注儒学典籍，对经学、史学、文学、乐律以至自然科学均有贡献。在哲学上发展了二程（颢、颐）关于理气关系的学说，集理学之大成，建立起客观唯心主义的理学体系，世称程朱学派。其学认为：理、气不能相离，“天下未有无理之气，亦未有无气之理”。又断言“理在先，气在后”“有是理便有是气，但理是本”。强调“天理”和“人欲”的对立，要求人们放弃“私欲”，服从“天理”。教学授徒五十余年，认为“为学之道，莫先于穷理；穷理之要，必在于读书；读书之法，莫贵于循序而致精；而致精之本，则又在于居敬而持志”（《朱文公文集》卷十四《甲寅行宫便殿奏札二》）。又提出对自然变化的科学见解，如关于阴阳二气的宇宙演化说，如从高山上残留的螺蚌壳论证地质变迁（原为海洋）说等。其学说在明清两代被确立为儒学正宗，并影响至日本等国，如日本德川时代，“朱子学”颇为流行。其博览和慎思精神，对后世学者影响至深。所著有《四书章句集注》《周易本义》《诗集传》《楚辞集注》，及后人所编纂的《晦庵先生朱文公文集》和《朱子语录》等。

（三）胡宏

胡宏，字仁仲，生于宋徽宗崇宁元年（1102 年），卒于宋高宗绍兴三十一年（1161 年），建宁崇安（今属福建）人，人称“五峰先生”。胡宏是南宋初期一位影响较大的爱国主义思想家，他的理学思想对宋代理学的形成和发展具有承上启下的作用，是这一时期理学阵营中居于重要地位的理学家。

胡宏的理学思想以“性”为本体。他认为性即是天命，为天下之一本，万理皆出于性。因此，这个“性”不仅仅指人性而言。在性与心的关系问题上，

胡宏以性为体，以心为用，认为性是心的本体和本原，心是性的表现和作用。二者的联系表现为“未发”为性，“已发”为心。在性与理的关系上，他认为不应以理为本体，而以性为本体。在“性”与“物”的关系上，胡宏认为性是本体和本原，物是由性派生的。他反对以善恶论性，提出了人性无善恶论。在名实问题上，胡宏肯定先有实而后有名。在胡宏的认识论中，还提出了“循道而行”即按规律办事的思想。

他的认识论虽然不系统、不完备，但其基本观点是唯物的，这在理学阵营中，也表现了他不同于别人的可贵之处。

（四）王夫之

王夫之（1619–1692），字而农，号姜斋，别号一壶道人，是明清之际杰出的哲学家、思想家，与顾炎武、黄宗羲同称明末清初三大学者。晚年居衡阳之石船山，学者称“船山先生”。

明崇祯年间，王夫之求学岳麓书院，师从吴道行，崇祯十一年（1638 年）肄业。在求学期间，吴道行教以湖湘之学，传授朱张之道，较早地影响了王夫之的思想，形成了王夫之湖湘学统中的济世救民的基本脉络。明亡后，清顺治五年（1648 年），王夫之在衡阳举兵抗清，阻击清军南下，战败退肇庆，任南明桂王政府行人司行人，以反对王化澄，几陷大狱。至桂林依瞿式耜，桂林陷没，瞿式耜殉难，乃决心隐遁。辗转湘西以及郴、永、涟、邵间，窜身瑶洞，伏处深山，后回到家乡衡阳潜心治学，在石船山下筑草堂而居，人称“湘西草堂”，在此撰写了许多重要的学术著作。王夫之 33 岁以后就开始“栖伏林谷，随地托迹”，甚至变姓名为瑶人以避世，直到他死去。刻苦研究，勤恳著述，垂四十年，得“完发以终”，始终未剃发。这是一个孤高耿介的人，是中国知识分子中稀有的人物。

王夫之学问渊博，对天文、历法、数学、

地理学等均有研究，尤精于经学、史学、文学。哲学上总结并发展了中国传统的唯物主义。认为“尽天地之间，无不是气，即无不是理也”（《读四书大全说》卷十），以为“气”是物质实体，而“理”则为客观规律。又以“絪蕴生化”来说明“气”变化日新的辩证性质，认为“阴阳各成其象，则相为对，刚柔、寒温、生杀，必相反而相为仇”。强调“天下惟器而已矣”“无其器则无其道”（《周易外传》卷五）。由“道器”关系建立其历史进化论，反对保守退化思想。又认为“习成而性与成”，人性随环境习俗而变化，所以“未成可成，已成可革”，而教育要“养其习于蒙童”。在知行关系上，强调行是知的基础，反对陆王“以知为行”及禅学家“知有是事便休”的观点。政治上反对豪强大地主，认为“大贾富民”是“国之司命”，农工商业都能生产财富。文学方面，善诗文，工词曲。所作《诗绎》《夕堂永日绪论》，论诗多独到见解。所著经后人编为《船山遗书》。其一生坚持爱国主义和唯物主义的战斗精神，至死不渝。其中在哲学上最重要的著作有《周易外传》《尚书引义》《读四大全说》《张子正蒙注》《思录内外篇》《黄书》《噩梦》等。墨迹传世稀少。《大云山歌》书风神清气舒，可谓珍品。

（五）曾国藩

曾国藩（1811–1872），湖南湘乡（今双峰县）人，曾就读于岳麓书院，他是中国历史上最有影响的人物之一。中进士留京师后十年七迁，连升十级，37岁任礼部侍郎，官至二品。后因丧母回乡丁忧，恰逢太平天国横扫湖湘，他因势在家乡创办湘军，为清王朝平定了太平天国运动，被封为一等勇毅侯，成为清代以文人而封武侯的第一人，后历任两江总督、直隶总督，官居一品。

曾国藩作为近代著名的政治家，对“乾嘉盛世”后清王朝的腐败衰落，洞若观火，他说：“国贫不足患，惟民心涣散，则为患甚大。”对于“士大夫习于

忧容苟安”“昌为一种不白不黑、不痛不痒之风”“痛恨次骨”。他认为，“吏治之坏，由于群幕，求吏才以剔幕弊，诚为探源之论”。基于此，曾国藩提出，“行政之要，首在得人”，危急之时需用德器兼备之人，要倡廉正之风，行礼治之仁政，反对暴政、扰民，对于那些贪赃枉法、渔民肥己的官吏，一定要予以严惩。至于关系国运民生的财政经济，曾国藩认为，理财之道，全在酌盈剂虚，脚踏实地，洁己奉公，“渐求整顿，不在于求取速效”。

曾国藩将农业提到国家经济中基础性的战略地位，他认为，“民生以穑事为先，国计以丰年为瑞”。他要求“今日之州县，以重农为第一要务”。受两次鸦片战争的冲击，曾国藩对中西邦交有自己的看法，一方面他十分痛恨西方人侵略中国，认为卧榻之旁，岂容他人鼾睡，并反对借师助剿，以借助外国为深愧；另一方面又不盲目排外，主张向西方学习其先进的科学技术，如他说过：“购买外洋器物……访募覃思之士，智巧之匠，始而演习，继而试造，……可以剿发捻，可以勤远略。”

（六）左宗棠

左宗棠（1812–1885），曾求学于岳麓书院，晚清军政重臣，湘军统帅之一，洋务派首领。字季高，一字朴存，号湘上农人，湖南湘阴人。

左宗棠生性颖悟，少负大志。5 岁时，他随父到省城长沙读书。道光七年（1827 年）应长沙府试，取中第二名。他不仅攻读儒家经典，更多地则是经世致用之学，对那些涉及中国历史、地理、军事、经济、水利等内容的名著视为至宝，对他后来带兵打仗、施政理财起了很大的作用。1830 年，左宗棠进入长沙城南书院读书，次年又入湖南巡抚吴荣光在长沙设立的湘水校经堂。他学习刻苦，成绩优异，在这年的考试中，七次名列第一。

左宗棠于道光十二年（1832 年）中举。咸丰元年（1851 年）太平天国起义后，先后入湖南巡抚张亮基、骆秉章幕，为抗拒太平军多所筹划。1856 年，因接济曾国藩部军饷以夺取被太平军所占武昌之功，命以兵部郎中用。1860 年，

太平军攻破江南大营后，随同钦差大臣、两江总督曾国藩办理军务。曾在湖南招募五千人，组成楚军，赴江西、安徽与太平军作战。1861 年太平军攻克杭州后，曾国藩推荐左宗棠任浙江巡抚，督办军务。同治元年（1862 年），组成中法混合军，称常捷军，并扩充中英混合军，先后攻陷金华、绍兴等地，升任闽浙总督。1864 年攻陷杭州，控制浙江全境。论功封一等恪靖伯。不久，奉命率军入江西、福建追击太平军李世贤、汪海洋部，至 1866 年在广东嘉应州（今梅县）击败太平军。镇压太平天国后，倡议减兵并饷，加给练兵。1865 年升任闽浙总督。1866 年上书奏请设局监造轮船，获准试行，即于福州马尾择址办船厂，派人出国购买机器、船槽，并创办求是堂艺局（又称船政学堂），培养造船技术和海军人才。旋改任陕甘总督，推荐原江西巡抚沈葆桢任总理船政大臣。一年后，福州船政局（又称马尾船政局）正式开工，成为中国第一个新式造船厂。1867 年，奉命为钦差大臣，督办陕甘军务。总的来说，他对晚清时期中国的发展产生了重要影响。

（七）魏源

魏源（1794–1857），原名远达，改源，字默深，湖南邵阳金潭（今隆回县）人，曾求学于岳麓书院。他出身于没落地主官僚家庭，幼年时代家境贫寒。道光二十四年进士，官至内阁中书，晚年任高邮知州。近代著名思想家，与龚自珍齐名，时称“龚魏”。一生著述甚丰，主要有《圣武记》《海国图志》《元史新编》《书古微》《老子本义》《古微堂四书》等。

魏源是一个进步的思想家、史学家和坚决反对外国侵略的爱国学者。他积极要求清政府进行改革，强调：“天下无数百年不弊之法，无穷极不变之法，无不除弊而能兴利之法，无不易简而能变通之法。”他着重于经济领域的改革，在鸦片战争前后提出了一些改革水利、漕运、盐政的方案和措施，要求革除弊端以有利于“国计民生”，认为“变古愈尽，便民愈

甚”。这些主张不仅在当时具有进步意义，对于后来的资产阶级变法维新运动也起了积极的推动作用。魏源同林则徐一样，是鸦片战争时期“睁眼看世界”最有眼光的人物。他既坚决反抗侵略，又重视了解和学习西方的科学技术，以此作为应对侵略的重要方法。他在《海国图志》中很好贯彻并发挥了林则徐了解和学习西方的思想和做法，提出了“师夷长技以制夷”的正确口号，认为“善师四夷者，能制四夷；不善师外夷者，外夷制之”，把学习西方的“长技”提高到关系国家民族安危的大事来认识，使之在当时社会上发生了振聋发聩的重大影响。

（八）王先谦

王先谦（1842-1917），是岳麓书院的最后一位山长。字益吾，因宅名葵园，学人称其为葵园先生。光绪十一年，任江苏学政。任内招揽文人，在江阴南菁书院开设书局，校刻《皇清经解续编》，成书一千余卷，还刻有《南菁书院丛书》。其间，还上书奏请筹办东三省边防，罢三海工程，弹劾徐之铭、李莲英等。

光绪十五年（1889 年），王先谦卸江苏学政任，回长沙定居。次年主讲湖南思贤讲舍，并在讲舍设局刻书。光绪十七年，任城南书院山长。光绪二十年，转任岳麓书院山长，主讲岳麓书院达十年之久。

中日甲午战争后，维新运动在全国兴起，湖南一些士绅开始兴办近代工业。王先谦投资银一万两，与黄自元、陈文玮等集股，并拨借官款，于光绪二十二年（1896 年）创设宝善成机器制造公司。公司开办数年，折损颇多。不久交给官办，终因经营不善，于光绪二十五年停办。

光绪二十三年冬，湖南时务学堂成立，该学堂总理熊希龄聘梁启超、韩文举、唐才常等维新人士任教习。随着维新运动的高涨，王先谦攻击时务学堂总教习梁启超等“伤风败俗”“志在谋逆”“专以无父无君之邪说教人”，使学生

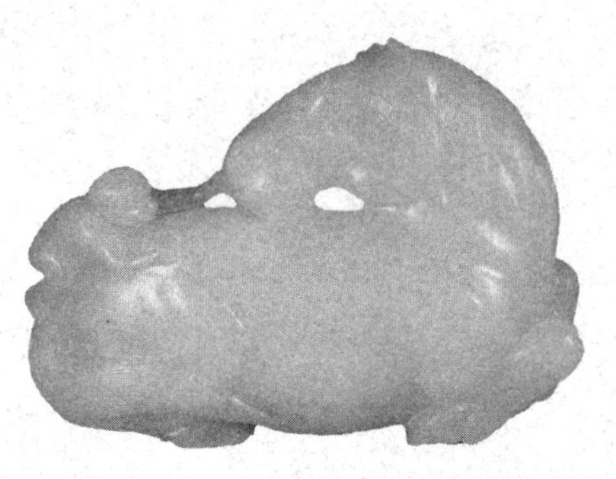

“不复知忠孝节义为何事”；指斥南学会和《湘报》宣传民权平等学说为“一切平等禽兽之行”“背叛圣教，败灭伦常”。并纠集张祖同、叶德辉等提出《湘绅公呈》，呈请抚院对时务学堂严加整顿，驱逐熊希龄、唐才常及梁启超等维新人士。又致书陈宝箴，提出停刊《湘报》。还串通省内劣绅，鼓动岳麓、城南、求忠三书院部分学生，齐集省城学宫，商定所谓《湘省学约》，用以约束士人言行，对抗新思想传播。及至戊戌变法失败后，其门人苏舆编辑《翼教丛编》一书，集中攻诬变法维新，并颂扬王先谦能事先“洞烛其奸，摘发备至”。

光绪二十六年（1900 年）七月，唐才常等所领自立军起义失败，王先谦、叶德辉等人向巡抚俞廉三告密，搜捕杀害自立会人士百余人。

光绪二十九年，学堂渐兴，王先谦仍主讲岳麓书院兼任湖南师范馆馆长。后来以“人心不靖”“邪说朋兴，排满革命之谈充塞庠序”为由，离开了湖南师范馆。同年，岳麓书院改为湖南高等学堂。

光绪三十四年，王先谦所著书经巡抚岑春蓂呈送清廷，受到嘉奖，赏内阁学士衔，降五级调用。以后，竭力反对民主革命运动。宣统三年（1911 年）武昌起义后，避居平江，闭门著书，凡三年，回到长沙，至民国六年（1917 年）因病逝世。

王先谦博览古今图籍，研究各朝典章制度。治学重考据、校勘，荟集群言。除前述校刻《皇清经解续编》外，还编有清《十朝东华录》《续古文辞类纂》等。著有《汉书补注》《水经注合笺》《后汉书集解》《荀子集解》《庄子集解》《诗三家义集疏》《虚受堂诗文集》等。

（九）杨昌济

杨昌济，伦理学家、教育家，湖南省长沙县人，名怀中，字华生，1871 年出生。1898 年就读于岳麓书院，不顾山长阻挠，毅然加入进步团体南学会，努力宣传新学、新政，赞同谭嗣同的“以民为主”的政治思想。戊戌变法失败后，

避居家乡，研究经世之学。无论是研究学问还是做人，都具有坚忍精神，他说："吾无过人者，惟于坚忍二字颇为着力，常欲以久制胜。"

1903年，考取官费留日学生，在弘文学院、东京高等师范攻读教育学六年。身处扶桑，不忘祖国，改号怀中，以求心怀中土。还参加了拒俄运动。1909年，由日本赴英国，入苏格兰爱伯汀大学，攻读哲学、伦理学，获学士学位。后又到德国考察教育，立志献身教育，报效祖国和人民。1913年回到长沙，被湖南省政府聘为教育司司长，他断然谢绝，表示专心从事学术研究和教育事业。他先后在湖南省立第四师范、第一师范任教。一大批有志青年都是他的学生，领受教诲颇多。他对国事颇为关注，曾设法营救被袁世凯迫害的杨德麟，规劝杨度不要为袁世凯复辟帝制鼓吹，支持和参加新文化运动，为创建湖南大学奔走呼号等等。还为《新青年》撰写论文，推荐文章。与徐特立、黎锦熙等组织编译所，编辑出版中小学各科教科书，翻译了《西洋伦理学史》，编辑了《论语类抄》《教育学讲义》等书。《达化斋日记》《杨昌济文集》为其传世之作。

他对教育提出过许多有见地的观点：主张知行统一，注重实践，反对空谈；主张以道德教育为中心，德、智、体全面发展，提出"立志、理想、爱国、殉国、勤勉、存诚、立功、勇敢、坚忍、贵我、通今"等十个方面内容，鼓励学生立志做有益于社会的正大光明的人；主张教育普及应与提高相结合；主张大力发展高等教育，反对赶时髦的留学之风；注重发现、爱护和培养人才，此乃"悠悠万事，惟此为大"；主张洋为中用，反对全盘西化。他认为一国有一国之民族精神，"吾人求学海外，欲归国而致之用，不可不就吾国之情形深加研究，何者当因，何者当革，何者宜取，何者宜舍，了然于心，确有把握而后可以适合本国之国情，而善应宇宙之大势"。

1918年6月，杨昌济应蔡元培先生之聘，任北京大学伦理学教授。

1920 年 1 月 17 日病逝于北京，终年 49 岁，归葬长沙县板仓。

他是一个道德高尚的人，对自己的伦理学有强烈信仰，努力鼓励学生立志做有益于社会的正大光明的人，他一生以发展教育为己任。

六、景观介绍

现在的岳麓书院已经发展成了一处闻名世界的游览胜地，下面我们就对岳麓书院遗址的景观进行简要的介绍。

岳麓书院坐落在风景胜地岳麓山清风峡口，占地25000平方米，建筑面积7030平方米。主轴线上依次为前门、赫曦台、大门、二门、讲堂、御书楼。主体建筑左为文庙，右为百泉轩及园林建筑，大门两侧为斋舍。

在岳麓书院的前门上有一块“千年学府”的匾，是根据唐代大书法家欧阳询的字镌刻而成的。

从前门走进来，可以看到赫曦台，这是古时候酬神演戏的舞台。朱熹在岳麓书院讲学的时候，常常很早就跑到岳麓山顶去看日出，看到日出就拍手欢呼“赫曦、赫曦”，意思是红红的太阳升起来了，后来张栻就在这里修了一个台，取名“赫曦台”。现在的赫曦台是清朝同治七年（1868年）重新修建的，它呈“凸”字形结构，是典型的湖南地方戏台。大家拾级而上，可以看到台左右两壁檐上还保留有清乾隆年间修建时的戏剧故事雕塑，左边有《拾玉镯》，右边有《秋胡戏妻》等较具有艺术价值的雕塑，可见，当时书院的师生除了清苦的学习外，还有丰富的课余活动，儒家士人既严谨又闲适的思想也略见一斑。台左边墙壁上近丈高的“寿”字，此字用两笔写成，形如龙蛇盘绕，柔中带刚，非一般人所及，所以被人们传为仙迹。关于此字的形成，还有一段有趣的故事。相传清嘉庆十二年（1807年），岳麓书院院长罗典在书院举行重赴鹿鸣宴宴会（鹿鸣宴指古代的地方官宴请科举考试中的考官和中试的学生的宴会，因为宴会上通常都演奏《诗经·鹿鸣》，从而得名。重赴鹿鸣宴是指鹿鸣宴六十年后而举行的宴会），这天，达官贵人、科场举子云集岳麓书院，大家谈古论今，吟诗作赋，热闹非凡。正当兴头，一位身穿青布袍、脚着草鞋的老道人来到院内，自称前来赴宴，那些士人见来者只不过

是一个无名老道，便不是很善意地叫他先写几个字，道人当然明白其中之意，随手拿起墙边的扫帚，伸入黄泥水中，将扫把一举，唰！唰！两笔写下近丈高的“寿”字，然后把扫帚一丢扬长而去。院长罗典在惊叹之余曾托人寻找老道人，但不知下落，后来罗典在右边的墙壁上补书了一个“福”与“寿”对称。大家现在看到的“福”字用一笔写成，笔力强劲，形如猛虎下山。“福、寿”二字如龙腾虎跃，暗含岳麓书院是藏龙卧虎之地。

沿着砌石的中轴线往前走就是大门，现在的大门是明朝正德四年（1509年）建造的，清同治七年（1868年）进行过翻新，是五间单檐硬山和三山屏墙结构。大门两旁有一块汉白玉鼓形上马石，它的正面是三狮戏珠图，背面是芙蓉锦鸡图、荷花鹭鸶图，此物相传是岳麓书院的著名学生曾任两江总督的陶澍严惩贪官曹百万从曹府搬来献给母校的。大门上方有一块“岳麓书院”的四字匾额。大门两旁有一幅千古名联：“惟楚有材，于斯为盛。”这是由院长袁岘冈与贡生张中阶撰写的，它高度褒扬了岳麓书院千百年来作为湖湘文化的摇篮，孕育出无数的英才豪杰。楚材斯盛，正和赫曦台墙壁上的福寿两字暗含的藏龙卧虎之意切合。

大门之后是二门，二门至讲堂两方均为斋舍。右侧是教学斋，左侧是半学斋，教学斋和半学斋反映岳麓书院教学中“教学相长，惟教学半学”的辨证思想。

出了二门，沿中轴线继续向前走，来到了书院的核心部分——讲堂。讲堂位于书院的中心，是书院教学和举行重大活动的场所。讲堂内有三块匾：第一块是“实事求是”匾，源于《汉书》的《河间献王刘德传》，《汉书》在评价献王的时候，有一句话是这么说的：“修学好古，实事求是。”1917年前后，正是我国教育制度发生重大变革的关键时期，各种观点层出不穷，莫衷一是，校长手书“实事求是”作为校训，旨在教育学生从社会的实际出发，求得正确的结论。在教育制度发生变革的关键时期，这一校训起到了辨别方向的作用，并对这里的学生乃至整个中国的命运都产生了重大的影响。第二块是“学达性天”匾，此匾是康熙二十六年（1687年）御赐，意思是通过学习理学可以达到恢复

天性、天人合一的境界，此匾说明了岳麓书院是以理学作为办学宗旨，到这里来求学，可以达到学问的最高境界。第三块是“道南正脉”匾，这块匾是清乾隆八年（1743 年）御赐，意思是岳麓书院所传播的朱张湖湘学是理学向南方传播后的正统，此匾高度评价了书院传播理学的地位。讲堂的正中是一个高约一米的长方形计时坛，这是以前教师讲课的地方，讲坛上摆有两把红木雕花座椅，这是当年两位理学大师朱熹和张栻会讲的用物。讲堂现有八幅对联和诸如《欧阳正焕整齐严肃碑》等大量碑言刻。

讲堂右侧是湘水讲经堂，左侧是百泉轩。百泉轩，因为地处岳麓山清风峡谷口溪泉荟萃处而得名。在宋代，这里是山长的住处，当年，朱熹和当时的山长张栻就曾经在此“昼而燕坐，夜而栖宿”，意思就是吃饭、睡觉都不离开这里，这主要是因为百泉轩前面有一个优美的园林，书院八景中，其中就有两景在园林中，分别是“碧沼观鱼”“花墩坐月”。

穿过园林后就是时务轩，时务轩是为了纪念清末维新派创办的学校——时务学堂而修建的纪念性建筑。中日甲午战争失败后，民族危机空前加强，为了配合维新运动，同时也为了推进湖南的新政，在谭嗣同等人的活动下，终于获得朝廷的批准，在长沙小东街设立了时务学堂，由梁启超在此主教，主要传播变法的理论。变法运动失败后，时务学堂被迫停办，改为求实书院，后改为湖南大学堂，次年并入岳麓书院并发展成为今天的湖南大学。逃亡日本的梁启超在 1922 年回到长沙后，到小东街寻访时务学堂旧址，那时，距时务学堂的创办已经有二十六年了，原址已改为旅馆，房屋虽在，但已面目全非，旧时的学生和老师们大部分都已不在人世，他感到非常伤心，于是提笔写下了“时务学堂旧址”以示纪念。

在时务轩的旁边就是麓山寺碑，也称“三绝碑”。麓山寺碑是我国现存碑刻中影响较大的一块唐碑，高 272 厘米，高 133 厘米，记录的内容为麓山寺的历史沿革，它是由著名的书法家、文学家、篆刻家李邕亲自撰文、书写并且镌刻，因文、书、刻三者俱佳，因此有“三绝碑”之称，又因为李邕曾当过北海太守，因此这块碑又有“北海碑”之称，人们常称其为“北海三绝碑”。因为麓山寺碑非常有名，历代想得到这碑的人非常多，也有人前来拓取，因方法不对，使此碑

遭到了严重的破坏，成了今天的这个样子。

穿过讲堂后，是一座三层楼阁建筑，居于中轴线的尾端，坐西面东雄视整个书院，这就是古代的图书馆——御书楼。御书楼始建于宋咸平二年（999年），开始叫书楼，后来屡建屡毁，地址搬迁了好几个地方，名称也改为藏经阁、尊经阁。御书楼在清代是民间较大的一座图书馆，藏书最多的时候有两万多卷，制定有藏书条例，管理科学而且严格。今天的御书楼仍然作为图书馆供教研人员和学生使用，现在的藏书数量已超过五万册。

站在御书楼前，沿回廊右转，在草木掩映之中有一片青墙黑瓦的小院落，这里是奉祀理学大师及岳麓书院培养的部分高足生徒的祠堂，有祭祀周敦颐的濂溪祠，有祭祀程颐、程颢的四箴亭，有祭祀朱熹、张栻的崇道祠等等。

岳麓书院作为一所拥有千年历史的古老书院，凝聚了我国优良的教育传统与学术传统，从岳麓书院至湖南大学的千年办学历史，反映了中国教育制度的变迁，是我国高等教育发展史的一个缩影，同时也蕴涵着中国传统学术的独特魅力。岳麓书院培育出不计其数的优秀人才，在政治、经济、文化、教育等各个领域发挥了重要的作用。这一切都说明，岳麓书院在中国历史上具有不可替代的作用，对历史的发展做出了卓越的贡献。